Caderno do Futuro

Simples e prático

História

4º ano

CB062294

3ª edição
São Paulo - 2013

IBEP

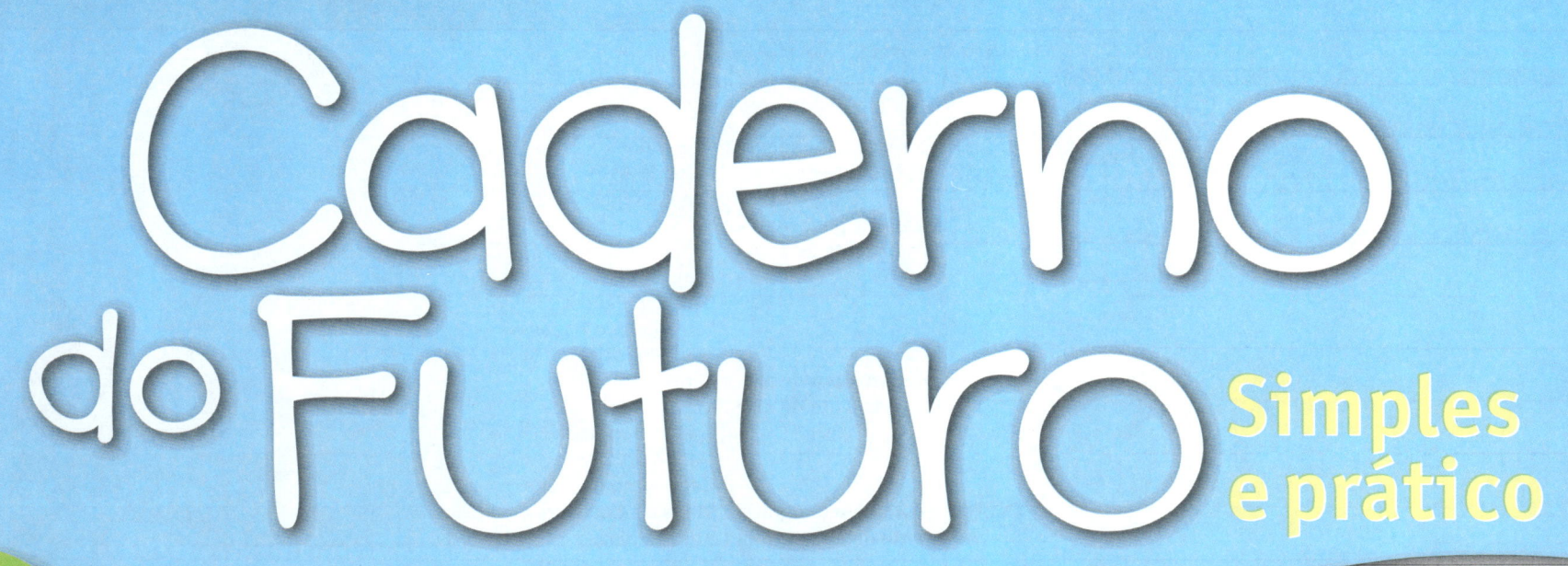

Coleção Caderno do Futuro
História e Geografia
© IBEP, 2013

Diretor superintendente	Jorge Yunes
Gerente editorial	Célia de Assis
Editor	Renata Regina Buset
Assessora pedagógica	Valdeci Loch
Assistente editorial	Fernanda Santos
Revisão	André Tadashi Odashima
	Berenice Baeder
	Luiz Gustavo Bazana
	Maria Inez de Souza
Coordenadora de arte	Karina Monteiro
Assistente de arte	Marília Vilela
	Tomás Troppmair
	Nane Carvalho
	Carla Almeida Freire
Coordenadora de iconografia	Maria do Céu Pires Passuello
Assistente de iconografia	Adriana Neves
	Wilson de Castilho
Ilustrações	Ulhôa Cintra
Cartografia	Mario Yoshida
	Carlos Henrique da Silva
Produção gráfica	José Antônio Ferraz
Assistente de produção gráfica	Eliane M. M. Ferreira
Projeto gráfico	Departamento Arte Ibep
Capa	Departamento Arte Ibep
Editoração eletrônica	SG-Amarante Editorial

Impressão - Gráfica Impress - Fevereiro 2018

CIP-BRASIL. CATALOGAÇÃO-NA-FONTE
SINDICATO NACIONAL DOS EDITORES DE LIVROS, RJ

P32h
Passos, Célia
    História e geografia : 4º ano / Célia Maria Costa Passos, Zeneide Albuquerque Inocêncio da Silva. - 3. ed. - São Paulo : IBEP, 2012.
    il. ; 28 cm. (Novo caderno do futuro)

    ISBN 978-85-342-3517-4 (aluno) - 978-85-342-3522-8 (mestre)

    1. História - Estudo e ensino (Ensino fundamental). 2. Geografia - Estudo e ensino (Ensino fundamental). I. Silva, Zeneide II. Título. III. Série.

12-8653.   CDD: 372.89
                                                                 CDU: 373.3.0162:930
27.11.12   28.11.12   040991

3ª edição - São Paulo - 2013
Todos os direitos reservados.

Av. Alexandre Mackenzie, 619 - Jaguaré
São Paulo - SP - 05322-000 - Brasil - Tel.: (11) 2799-7799
www.editoraibep.com.br   editoras@ibep-nacional.com.br

SUMÁRIO

História

BLOCO 1 4
A história de cada um

BLOCO 2 7
A chegada dos portugueses
Os primeiros habitantes do Brasil

BLOCO 3 13
As capitanias hereditárias

BLOCO 4 16
O governo-geral

BLOCO 5 18
A Inconfidência Mineira

BLOCO 6 20
A Independência do Brasil

BLOCO 7 23
A Abolição da Escravatura

BLOCO 8 26
A Proclamação da República

BLOCO 9 29
Festas e datas comemorativas

Geografia

BLOCO 1 39
Geografia

BLOCO 2 40
Nosso país
O povo brasileiro

BLOCO 3 49
A comunidade
O município
→ Os limites do município
A cidade – zona urbana
O campo – zona rural

BLOCO 4 62
Administração do município
Serviços públicos

BLOCO 5 66
Orientação
Os meios de transporte
O trânsito na zona urbana
Os meios de comunicação

BLOCO 6 77
Recursos naturais
Paisagem natural e paisagem modificada
Relevo
Hidrografia
Clima
Vegetação

BLOCO 7 90
Pecuária e agricultura
Extrativismo
Indústria
Comércio

BLOCO 1

CONTEÚDO:
- A história de cada um

A **Certidão de Nascimento** é um documento onde ficam registradas as informações sobre a origem de cada um.

2. Certidão de Nascimento.

1. Cole sua fotografia na Carteira de Identidade e preencha com seus dados.

3. Localize no documento que você preencheu:

a) o brasão que indica que o documento foi elaborado por um órgão oficial;

b) a marca que identifica o cartório em que foi registrado o nascimento;

c) o nome do oficial responsável pelo registro;

d) o número de identificação do documento;

e) o número do livro em que foi feito o registro;

f) a página do livro na qual consta esse documento;

g) o nome e o endereço do cartório.

4. Com base nas informações da Certidão de Nascimento, responda:

a) Qual é o nome da criança registrada?

b) Qual é o sobrenome?

c) Qual é o nome completo do pai da criança?

d) Qual é o nome completo da mãe da criança?

e) Em que dia, mês e ano esta criança nasceu?

f) Esta criança nasceu em que horário?

g) Com quantos anos ela está?

5. Conversando com os pais, avós, tios, vizinhos e amigos, também podemos saber um pouco mais sobre a nossa história.

Busque informações sobre a sua origem e registre no quadro:

Você
Nome completo:_____
Data de Nascimento:_____
Local de Nascimento:_____

Mãe
Nome completo:_____
Data de Nascimento:_____
Local de Nascimento:_____

Pai
Nome completo:_____
Data de Nascimento:_____
Local de Nascimento:_____

Avô materno
Nome completo:_____
Data de Nascimento:_____
Local de Nascimento:_____

Avó materna
Nome completo:_____
Data de Nascimento:_____
Local de Nascimento:_____

Avô paterno
Nome completo:_____
Data de Nascimento:_____
Local de Nascimento:_____

Avó paterna
Nome completo:_____
Data de Nascimento:_____
Local de Nascimento:_____

BLOCO 2

CONTEÚDOS:
- A chegada dos portugueses
- Os primeiros habitantes do Brasil

Lembre que:

- História é a ciência que estuda os fatos do passado da humanidade.
- No dia 22 de abril de 1500, a esquadra portuguesa de Pedro Álvares Cabral chegou ao Brasil.
- Os portugueses avistaram primeiramente um monte, chamando-o de Monte Pascoal, porque era época de Páscoa.
- O escrivão da esquadra, Pero Vaz de Caminha, escreveu ao rei D. Manuel, de Portugal, relatando a viagem e contando como era a vida dos povos que habitavam o Brasil.
- No dia 26 de abril de 1500, Frei Henrique Soares de Coimbra rezou a primeira missa no Brasil.
- Os portugueses batizaram a terra com vários nomes: Ilha de Vera Cruz, Terra de Santa Cruz e, finalmente, Brasil.
- O nome Brasil se deu por causa da grande quantidade de pau-brasil existente na terra. Dessa madeira se extraía uma tinta vermelha muito usada, naquela época, para tinturaria.
- No dia 2 de maio, a esquadra continuou viagem para as terras distantes das Índias, deixando uma cruz de madeira para confirmar que Portugal havia conquistado o Brasil.

Mapa da viagem de Pedro Álvares Cabral ao Brasil

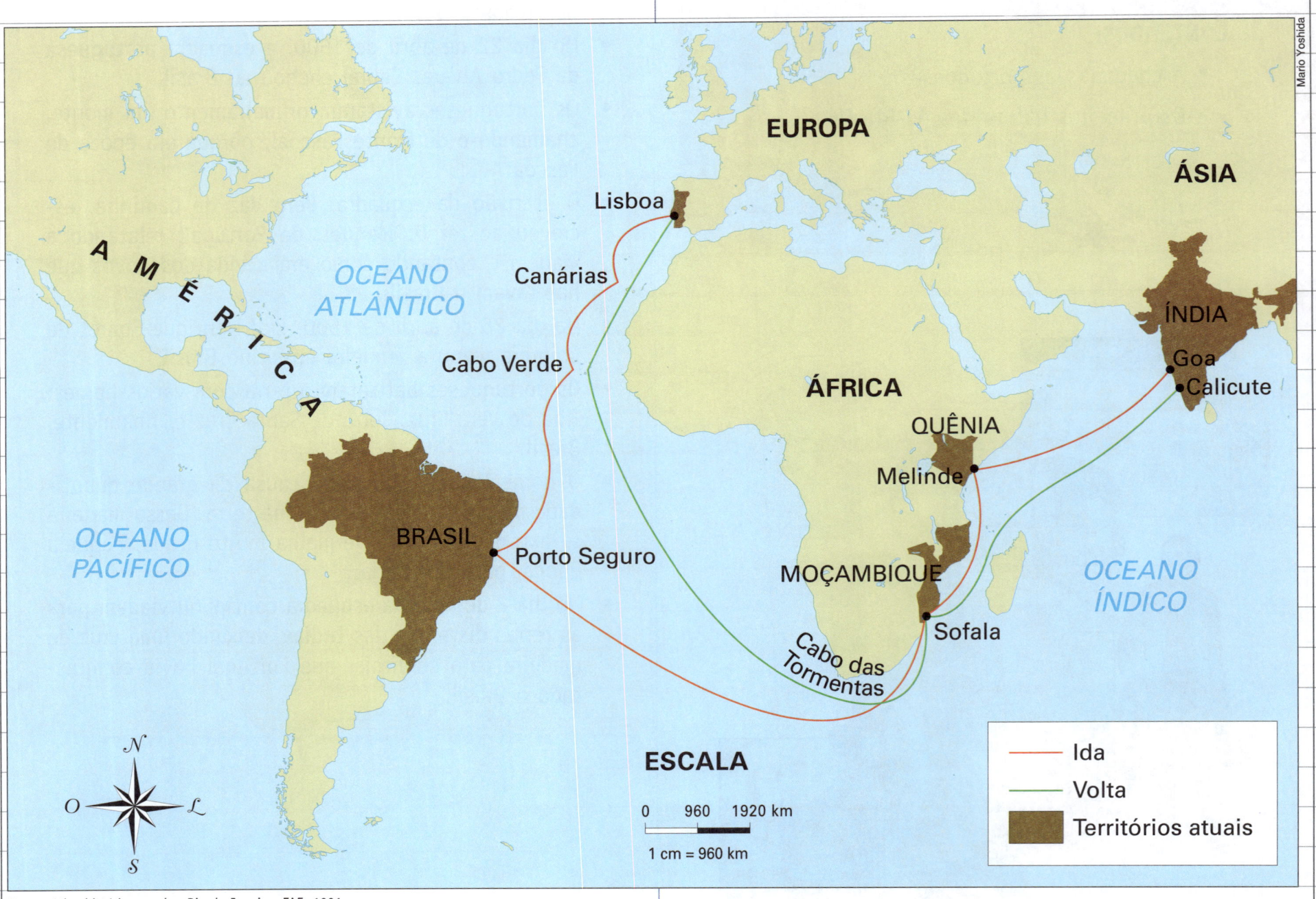

Fonte: *Atlas histórico escolar*. Rio de Janeiro: FAE, 1991.

1. Complete:

A esquadra, comandada por _____, chegou ao Brasil em _____.

2. Responda:

a) O que os portugueses avistaram primeiro? Que nome lhe deram e por quê?

b) Quem era o escrivão da esquadra? O que ele escreveu?

3. Complete a cruzadinha:

1. Nome do rei de Portugal na época do descobrimento.
2. Sobrenome do comandante da esquadra portuguesa que chegou ao Brasil em 1500.
3. Monte que os portugueses avistaram primeiro.
4. Nome do frei que celebrou a primeira missa no Brasil.
5. Sobrenome do escrivão da esquadra de Cabral.

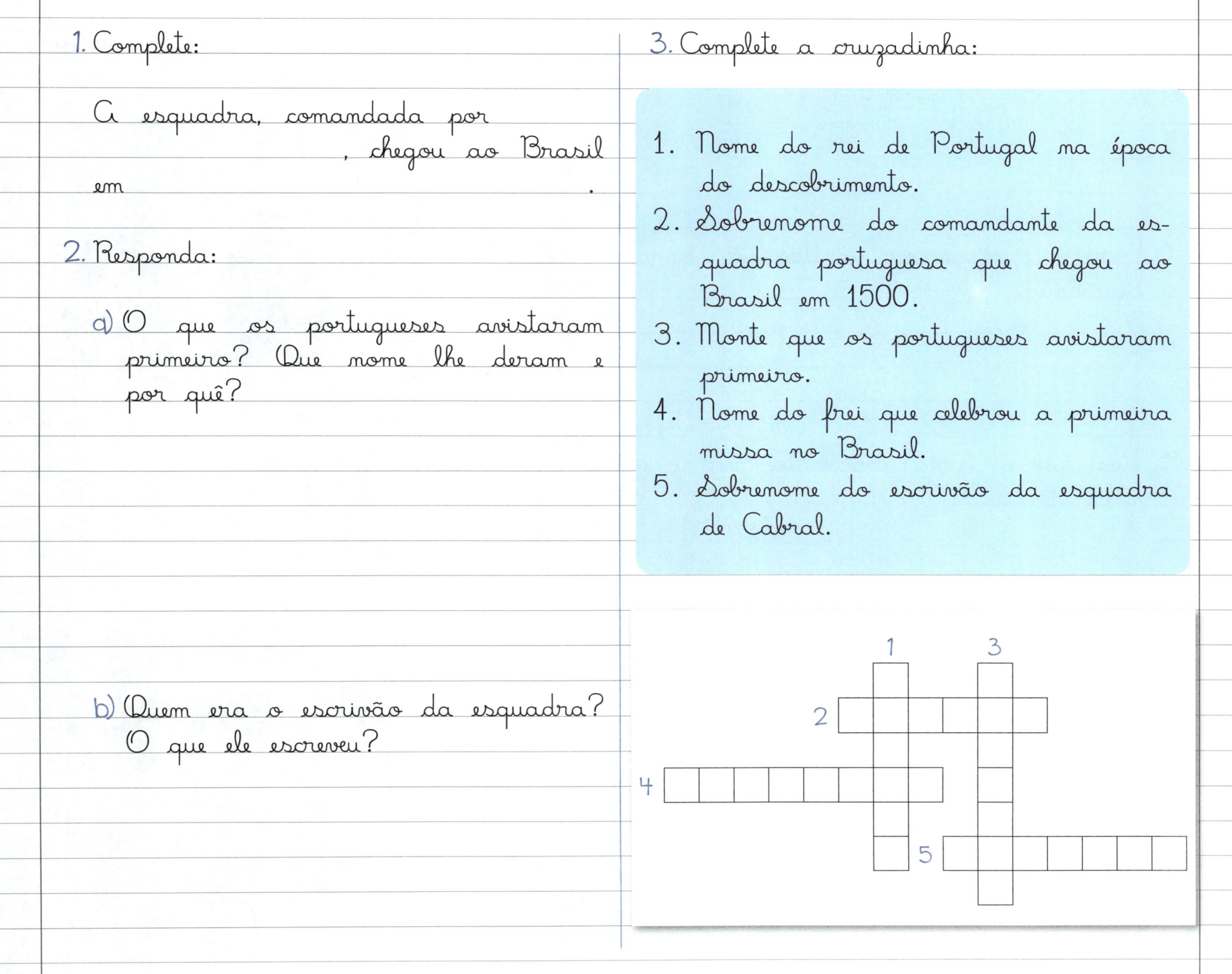

4. O que aconteceu no dia 26 de abril de 1500?

5. Escreva os nomes dados à terra descoberta.

6. Por que a terra descoberta recebeu o nome de Brasil?

7. Desenhe o símbolo que Cabral deixou para confirmar que Portugal passava a ser dono do nosso país.

8. Observe a ilustração e converse com os seus colegas sobre ela:

Lembre que:

- Os povos indígenas foram os primeiros habitantes do Brasil.
- Os indígenas moram em ocas amplas. O conjunto de ocas forma a taba ou aldeia.
- A tribo é a reunião de diversas aldeias.
- Cada tribo possui um chefe guerreiro, chamado cacique, morubixaba ou tuxaua, e um chefe religioso, o pajé.
- Os indígenas enfeitam o corpo com penas coloridas, dentes de animais e pinturas.
- A alimentação dos indígenas se constitui basicamente da caça, da pesca e de vegetais. Algumas tribos cultivam a mandioca, o milho, o amendoim, a batata-doce, o feijão.
- Suas armas, no passado, eram a flecha, o arco, a lança, o tacape e a zarabatana.
- Em suas festas, cantam, dançam e tocam instrumentos musicais, como o maracá, o tambor e a flauta.
- Os povos indígenas acreditam em várias divindades como, por exemplo, Tupã.
- Fabricam canoas, cestos, objetos de cerâmica etc.
- O órgão responsável pela proteção dos povos indígenas é a Fundação Nacional do Índio (Funai), organização do governo brasileiro.

9. Dê o nome:

a) dos primeiros habitantes do Brasil.

b) da casa dos indígenas.

c) do conjunto de ocas.

d) do chefe guerreiro da tribo.

e) do chefe religioso da tribo.

10. Responda:

a) Como se enfeitam os indígenas?

b) De que se alimentam, basicamente?

11. Resolva a cruzadinha sobre o povo indígena:

1. Chefe guerreiro
2. Alimento vegetal
3. Arma
4. Instrumento musical
5. Uma divindade
6. Meio de transporte
7. Enfeite

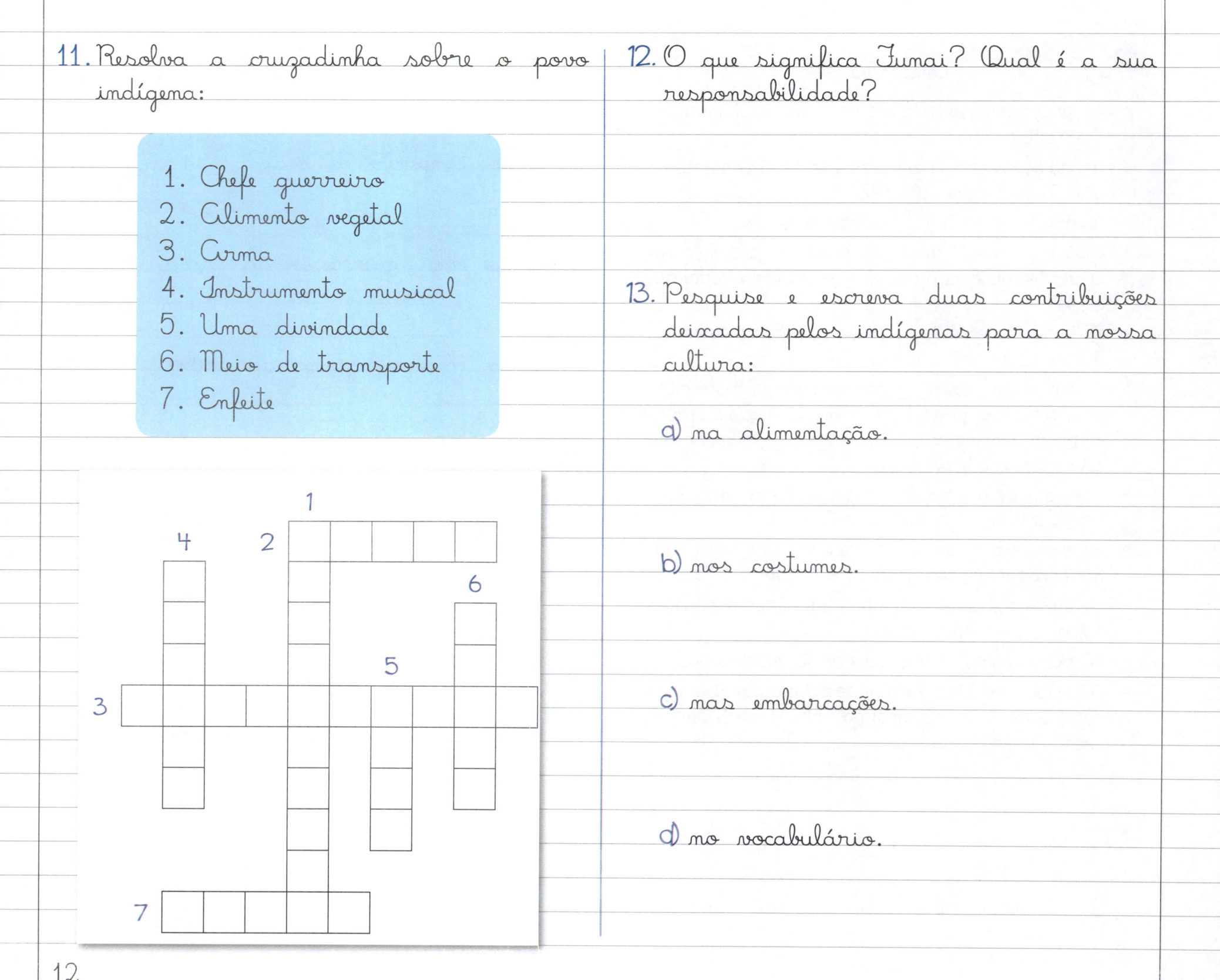

12. O que significa Funai? Qual é a sua responsabilidade?

13. Pesquise e escreva duas contribuições deixadas pelos indígenas para a nossa cultura:

a) na alimentação.

b) nos costumes.

c) nas embarcações.

d) no vocabulário.

BLOCO 3

CONTEÚDO:
- As capitanias hereditárias

Lembre que:

- Para colonizar o Brasil em 1534, o rei de Portugal, D. João III, dividiu o Brasil em quinze lotes de terra e entregou-os a pessoas de sua confiança.

- Os lotes denominavam-se capitanias hereditárias. Os seus responsáveis possuíam o título de capitão ou donatário. Elas eram hereditárias porque passavam de pai para filho.

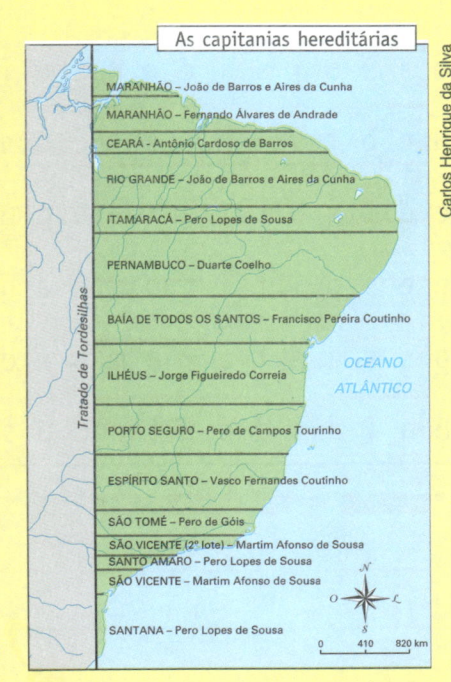

Fonte: *Atlas histórico escolar*. Rio de Janeiro: FAE, 1991.

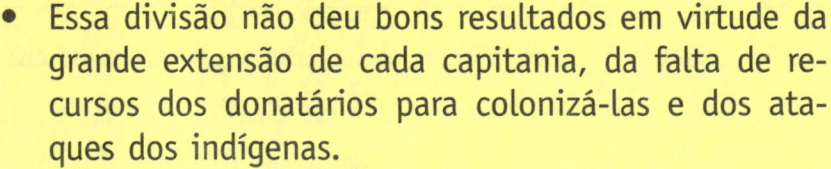

- Essa divisão não deu bons resultados em virtude da grande extensão de cada capitania, da falta de recursos dos donatários para colonizá-las e dos ataques dos indígenas.

- As únicas capitanias que prosperaram foram: a de Pernambuco, doada a Duarte Coelho, e a de São Vicente, doada a Martim Afonso de Sousa.

1. Responda:

a) Por que D. João III resolveu dividir o Brasil em grandes lotes de terra?

b) Como se chamavam os lotes nos quais o Brasil foi dividido? Por que receberam esse nome?

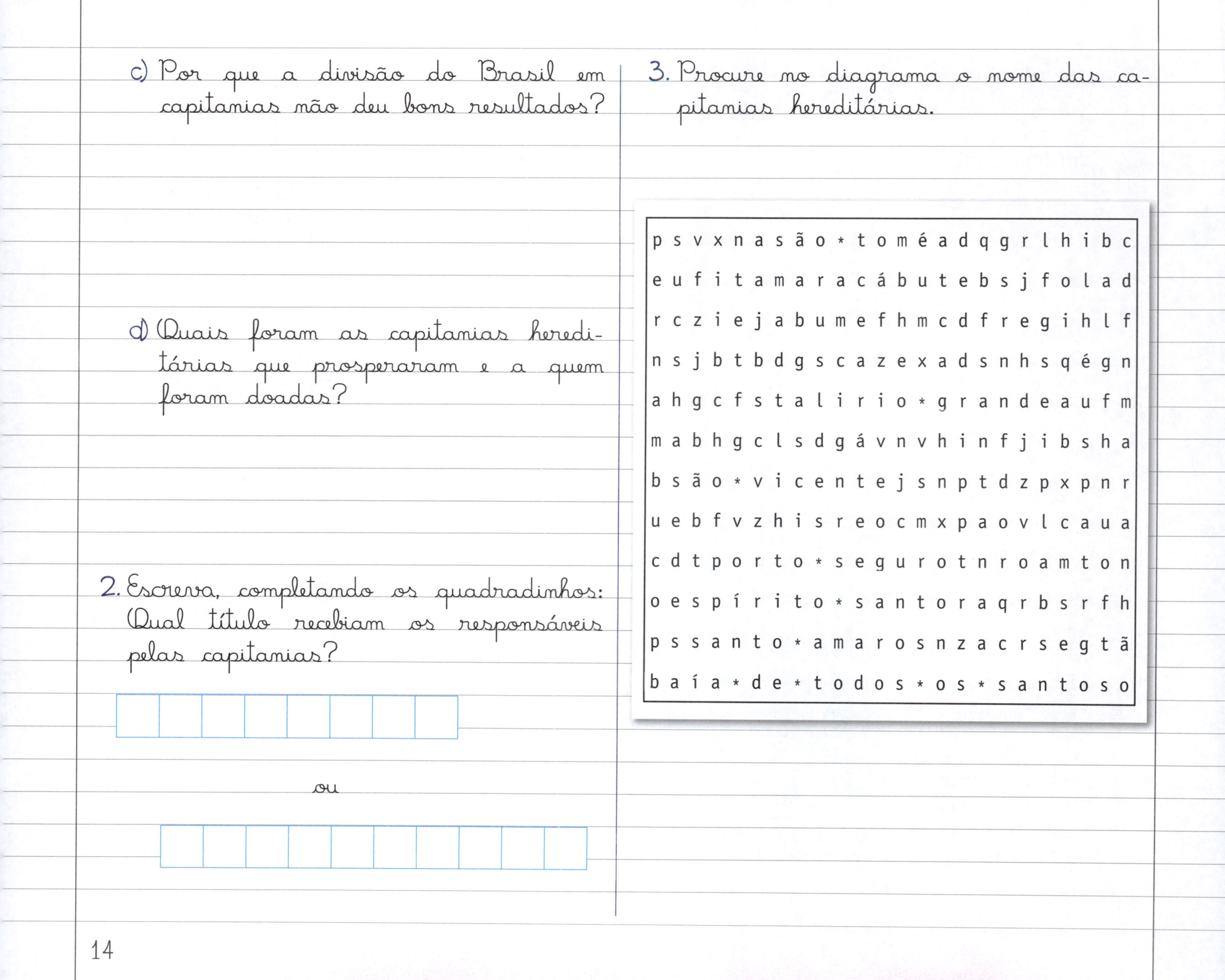

c) Por que a divisão do Brasil em capitanias não deu bons resultados?

d) Quais foram as capitanias hereditárias que prosperaram e a quem foram doadas?

2. Escreva, completando os quadradinhos: Qual título recebiam os responsáveis pelas capitanias?

☐☐☐☐☐☐☐☐

ou

☐☐☐☐☐☐☐☐☐☐

3. Procure no diagrama o nome das capitanias hereditárias.

```
p s v x n a s ã o * t o m é a d q g r l h i b c
e u f i t a m a r a c á b u t e b s j f o l a d
r c z i e j a b u m e f h m c d f r e g i h l f
n s j b t b d g s c a z e x a d s n h s q é g n
a h g c f s t a l i r i o * g r a n d e a u f m
m a b h g c l s d g á v n v h i n f j i b s h a
b s ã o * v i c e n t e j s n p t d z p x p n r
u e b f v z h i s r e o c m x p a o v l c a u a
c d t p o r t o * s e g u r o t n r o a m t o n
o e s p í r i t o * s a n t o r a q r b s r f h
p s s a n t o * a m a r o s n z a c r s e g t ã
b a í a * d e * t o d o s * o s * s a n t o s o
```

14

4. Escreva no mapa o nome de todas as capitanias hereditárias.

5. Pinte no mapa o estado onde você mora.
O seu estado pertence a alguma capitania? Qual?

15

BLOCO 4

CONTEÚDO:
- O governo-geral

Lembre que:

- Em 1548, o rei D. João III resolveu criar um governo-geral para administrar a colônia, sendo escolhida a Bahia como sede do governo.
- O governo-geral era a maior autoridade na colônia e os donatários deviam obedecer-lhe.
- Tomé de Sousa, o primeiro governador, chegou em 1549, trouxe soldados, colonos e seis jesuítas. Fundou a cidade de Salvador, a primeira capital do Brasil.
- Duarte da Costa, o segundo governador, trouxe mais colonos e jesuítas, entre eles, o padre José de Anchieta. Os jesuítas fundaram o Colégio de São Paulo de Piratininga (origem da atual cidade de São Paulo). Houve a invasão francesa no Rio de Janeiro.
- Mem de Sá, o terceiro governador, preocupou-se com o crescimento da colônia. O seu sobrinho, Estácio de Sá, fundou a cidade de São Sebastião do Rio de Janeiro. Os franceses foram expulsos.

---

1. Por que o rei de Portugal, D. João III, resolveu criar o governo-geral?

2. Que local foi escolhido para ser a sede do governo-geral?

3. Escreva o nome dos três primeiros governadores-gerais.

4. Quem Tomé de Sousa trouxe com ele?

5. Assinale as afirmações corretas:

- [ ] Duarte da Costa fundou o Colégio de São Paulo.
- [ ] Mem de Sá foi um péssimo governador.
- [ ] A primeira capital do Brasil foi a cidade de Salvador.
- [ ] Tomé de Sousa expulsou os franceses do Rio de Janeiro.
- [ ] O governador-geral era a maior autoridade da colônia e os donatários das capitanias deviam obedecer-lhe.

6. Complete:

a) _____ foi o primeiro governador-geral, fundador da cidade de _____.

b) O terceiro governador-geral foi _____.

7. Quem Duarte da Costa trouxe com ele?

8. O que os jesuítas fundaram?

9. Como foi o governo de Mem de Sá?

10. Quais foram os fatos mais importantes do governo de Mem de Sá?

BLOCO 5

CONTEÚDO:
- A Inconfidência Mineira

Lembre que:

- Os brasileiros sempre desejaram libertar o Brasil do domínio de Portugal. Para isso, foi organizado, em 1789, um movimento em Minas Gerais, que planejava separar o Brasil de Portugal. Esse movimento ficou conhecido como Inconfidência Mineira.

- A Inconfidência fracassou. Joaquim Silvério dos Reis, um dos inconfidentes, denunciou os planos às autoridades de Minas Gerais.

- Todos os que participaram do movimento foram presos e o líder, Joaquim José da Silva Xavier, o Tiradentes, foi condenado à morte e enforcado em 21 de abril de 1792, no Rio de Janeiro.

- Tiradentes era dentista, garimpeiro e alferes de cavalaria, e é considerado o mártir da Independência, que ocorreu anos após, porque lutou e morreu pela liberdade do Brasil.

1. Complete:

a) Os brasileiros sempre desejaram _____ o _____ do domínio de _____.

b) Para isso, foi organizado um _____ em _____, denominado _____.

2. Responda:

a) Por que a Inconfidência Mineira fracassou?

b) O que aconteceu com as pessoas que participaram do movimento?

3. Complete:

   a) Nome do líder da Inconfidência Mineira: _____.

   b) Seu apelido: _____.

   c) Dia, mês e ano de sua morte: _____.

4. Por que Tiradentes é considerado o mártir da Independência?

5. Complete as frases:

   a) Joaquim Silvério dos Reis

   b) Tiradentes foi

6. Onde ocorreu a Inconfidência Mineira?

7. Observe a ilustração e converse com os seus colegas sobre ela.

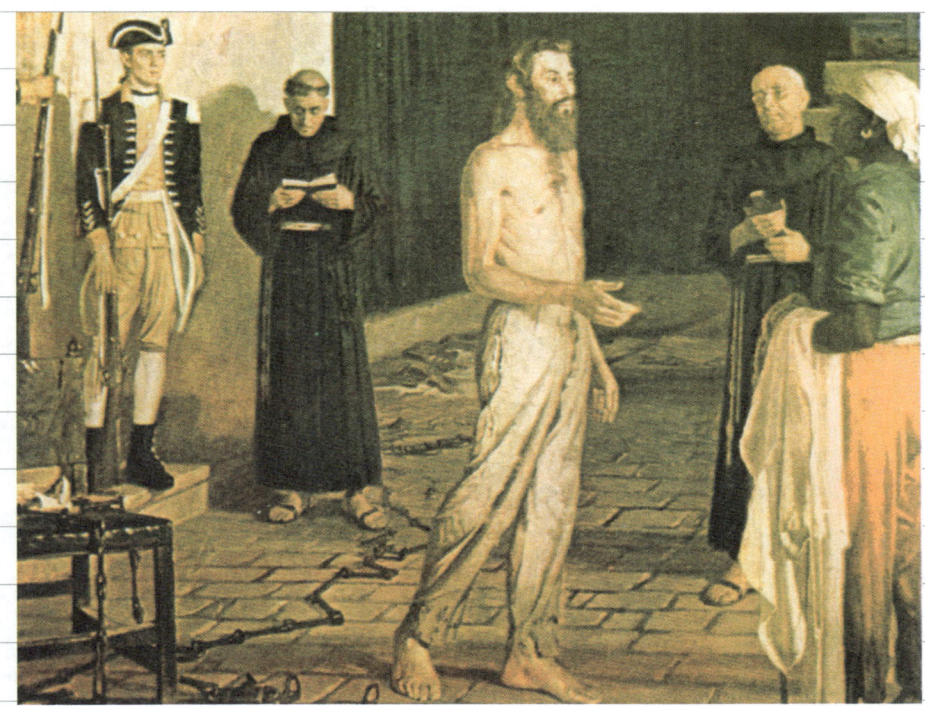

Tiradentes ante o carrasco, de Rafael Falco, 1941.

BLOCO 6

CONTEÚDO:
- A Independência do Brasil

Lembre que:

- Desde que os portugueses chegaram, em 1500, o Brasil passou a ser uma colônia de Portugal.
- Em 1808, a Família Real portuguesa veio para o Brasil. O príncipe regente, D. João, transferiu a sede do seu governo para o Brasil, fugindo das tropas francesas que invadiram Portugal.
- D. João tomou as seguintes medidas: abriu os portos brasileiros às nações amigas, elevou o Brasil à categoria de Reino Unido e criou o Banco do Brasil.
- Em 1818, com a morte de sua mãe, D. João foi coroado rei, passando a ser D. João VI.
- Em 1820, D. João VI foi obrigado a voltar para Portugal, deixando seu filho, D. Pedro, como príncipe regente do Reino Unido.
- A corte portuguesa queria que o Brasil voltasse a ser colônia e que D. Pedro retornasse a Portugal.

- Os defensores da Independência iniciaram uma campanha pedindo a permanência de D. Pedro no Brasil.
- D. Pedro recebeu um abaixo-assinado dos brasileiros, o qual solicitava que ele permanecesse no Brasil. No dia 9 de janeiro de 1822, ele disse que ficaria no Brasil. Esse dia passou a ser conhecido como "Dia do Fico".
- No dia 7 de setembro de 1822, D. Pedro e sua comitiva vinham da cidade de Santos para São Paulo. Próximo ao riacho do Ipiranga, recebeu um mensageiro que trazia cartas da corte, obrigando-o a voltar para Portugal. Diante desse fato, ele gritou: "Independência ou morte!"
- O Primeiro Reinado durou de 1822 até 1831, quando D. Pedro I abdicou em favor do filho, D. Pedro de Alcântara, que estava apenas com 5 anos de idade.

1. Complete:

a) Desde a chegada dos portugueses, o Brasil passou a ser uma _____ de Portugal.

b) O príncipe regente, D. João, _____ a sede do seu _____ para o Brasil, fugindo das tropas francesas que invadiram _____.

2. Cite as medidas que D. João tomou ao chegar às terras brasileiras.

3. Quem assumiu o governo do Brasil quando D. João VI voltou para Portugal?

4. O que a corte portuguesa pretendia em relação ao Brasil? E em relação a D. Pedro?

5. O que os políticos portugueses exigiam?

6. O que fizeram os defensores da Independência do Brasil?

7. Quando ocorreu o Dia do Fico? O que aconteceu nessa data?

8. Por que D. Pedro decidiu ficar no Brasil?

9. Como ocorreu a Proclamação da Independência brasileira?

BLOCO 7

CONTEÚDO:
- A Abolição da Escravatura

- Muitas pessoas se opuseram à escravidão, eram os abolicionistas: escritores, poetas, jornalistas e políticos. Aos poucos foram elaboradas leis abolicionistas.

- No dia 13 de maio de 1888, foi abolida a escravidão no Brasil, quando a princesa Isabel assinou a Lei Áurea.

Lembre que:

- No começo da colonização do Brasil, os portugueses tentaram escravizar os indígenas, mas não conseguiram. Como os colonizadores necessitavam de trabalhadores para as lavouras de cana-de-açúcar, introduziram os africanos como escravos na colônia, que trabalhavam também na mineração e na casa dos senhores.

- Os escravos vinham da África em navios negreiros.

- Os escravos moravam em senzalas, que eram barracões sem janelas, trancados à noite. Recebiam poucos alimentos e poucas roupas, trabalhavam muito e nada recebiam por seu trabalho.

- Sempre que podiam, os escravos resistiam à escravidão. Muitas vezes fugiam e fundavam os quilombos, comunidades de escravos fugidos que ficavam em lugares distantes, aonde era muito difícil chegar.

23

1. Responda:

a) Por que os portugueses introduziram a escravidão negra no Brasil?

b) De onde vinham os escravos? Como eles eram trazidos?

2. Como os escravos eram tratados pelos seus senhores?

3. Em que eles trabalhavam?

4. Complete:
   a) No dia _____ de _____ de _____ foi abolida a _____ no Brasil.

   b) A _____ assinou a lei que declarou extinta a escravidão no Brasil. Essa lei recebeu o nome de _____.

5. Quem foram os abolicionistas?

6. O que foram os quilombos?

7. Pesquise sobre um abolicionista e conte sua história aos seus colegas.

BLOCO 8

CONTEÚDO:
- A Proclamação da República

Lembre que:

- Com a independência, passou a vigorar em nosso país a **Monarquia**, que é a forma de governo exercida por um rei ou imperador. Em 1831, D. Pedro foi obrigado a abdicar do trono. Em seu lugar deixou seu filho, Pedro de Alcântara, de apenas 5 anos. Por esse motivo, José Bonifácio ficou sendo seu tutor até 1840, quando Pedro chegou à maioridade, aos 14 anos. Inicia-se, então, em 1840, o Segundo Reinado com D. Pedro II, estendendo-se por 50 anos.

- No dia 15 de novembro de 1889, o marechal Deodoro da Fonseca proclamou a República no Brasil. Findava a monarquia.

- A partir dessa data, o Brasil passou a ser governado por um presidente. Normalmente, o povo brasileiro escolhe o seu presidente por meio de eleições.

- Com a República, as antigas províncias foram transformadas em Estados e foi convocada uma Assembleia Constituinte para elaborar uma Constituição republicana.

- A Constituição é a lei fundamental de um país; estabelece a forma de governo e os direitos e deveres dos cidadãos.

- A partir da promulgação da Constituição republicana, os presidentes passaram a ser eleitos para governar o país por 4 anos.

- O primeiro presidente da República brasileira foi o marechal Deodoro da Fonseca, eleito pelo Congresso. O seu vice-presidente foi o Marechal Floriano Peixoto.

Responda:

1. Qual foi o período chamado de Segundo Reinado e quanto tempo durou?

2. Quem proclamou a República? Em que dia?

3. Responda:

a) O que é monarquia?

b) Qual a diferença entre monarquia e república?

c) O que você acha da forma monárquica de governo?

4. Complete:

a) Com a proclamação da República, as províncias foram transformadas em _____ e foi convocada uma _____ para elaborar uma nova Constituição republicana.

b) O primeiro presidente da República brasileira foi o _____, eleito pelo _____.

c) O vice-presidente foi o marechal _____.

d) A partir da promulgação da _____ os presidentes passaram a ser eleitos para _____.

e) Constituição é a _____ de um país; estabelece a _____ e os direitos e _____ dos cidadãos.

5. Complete o diagrama:

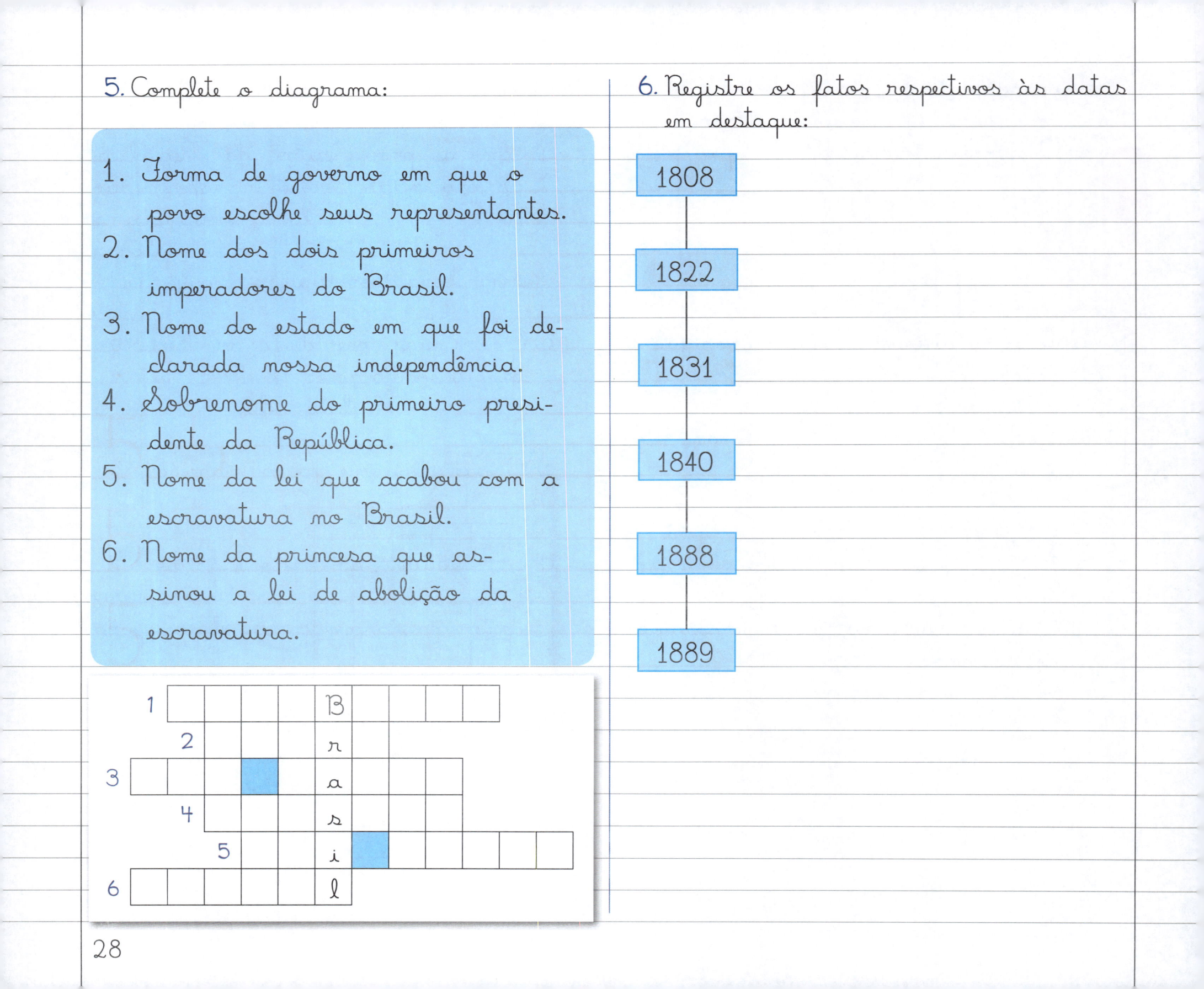

1. Forma de governo em que o povo escolhe seus representantes.
2. Nome dos dois primeiros imperadores do Brasil.
3. Nome do estado em que foi declarada nossa independência.
4. Sobrenome do primeiro presidente da República.
5. Nome da lei que acabou com a escravatura no Brasil.
6. Nome da princesa que assinou a lei de abolição da escravatura.

6. Registre os fatos respectivos às datas em destaque:

1808
1822
1831
1840
1888
1889

1					B			
2					r			
3					a			
4					s			
5					i			
6					l			

28

BLOCO 9

CONTEÚDO:
- Festas e datas comemorativas

FESTAS E DATAS COMEMORATIVAS

Carnaval

Dia do Consumidor

Dia da Água

Dia Mundial da Saúde

Dia Nacional do Livro Infantil

Dia do Índio

Dia Internacional do Trabalho

Dia das Mães

Dia Mundial do Meio Ambiente

Festas Juninas

Dia dos Pais

Dia do Folclore

Dia Nacional do Trânsito

Dia Mundial dos Direitos Humanos

Lembre que:

- Durante o ano, comemoramos datas consideradas importantes. Elas dizem respeito a assuntos bem diferentes, como trânsito, meio ambiente e trabalho.
- Veja a relação das datas comemorativas que selecionamos para você, como sugestão de trabalho e de pesquisa.

Calendário comemorativo

Fevereiro ou março
Carnaval

Março
12. . . . . Dia do Bibliotecário
14. . . . . Dia do Consumidor
14. . . . . Dia da Poesia
19. . . . . Dia da Escola
22. . . . . Dia Mundial da Água

Abril
7. . . . . Dia Mundial da Saúde
8. . . . . Dia Mundial da Luta Contra o Câncer
15. . . . . Dia da Conservação do Solo
18. . . . . Dia Nacional do Livro Infantil
19. . . . . Dia do Índio
21. . . . . Tiradentes
22. . . . . Dia do Descobrimento do Brasil

Maio
1º . . . . Dia Internacional do Trabalho
5. . . . . Dia Nacional das Comunicações
Segundo domingo. . . Dia das Mães
13. . . . . Libertação dos Escravos

Junho
5. . . . . Dia Mundial do Meio Ambiente
9. . . . . Dia de Anchieta
12. . . . . Dia do Correio Aéreo Nacional
13 a 29 . . . . Festas Juninas

Julho
20. . . . . Dia Internacional da Amizade
26. . . . . Dia dos Avós
28. . . . . Dia do Agricultor

Agosto
Segundo domingo. . . Dia dos Pais
11. . . . . Dia do Estudante
21. . . . . Dia da Habitação
22. . . . . Dia do Folclore
25. . . . . Dia do Soldado

Setembro
5. . . . . Dia da Amazônia
7. . . . . Independência do Brasil
10. . . . . Dia Nacional da Imprensa
18. . . . . Dia dos Símbolos Nacionais
21. . . . . Dia da Árvore
25. . . . . Dia Nacional do Trânsito

Outubro
4. . . . . Dia dos Animais
2. . . . . Dia da Criança
15. . . . . Dia do Professor
6. . . . . Dia da Ciência e da Tecnologia
24. . . . . Dia das Nações Unidas – ONU

Novembro
5. . . . . Dia da Cultura
15. . . . . Proclamação da República
19. . . . . Dia da Bandeira Nacional
20. . . . . Dia da Consciência Negra

Dezembro
1º . . . . Dia Mundial de Combate à Aids
10. . . . . Dia Mundial dos Direitos Humanos
24. . . . . Dia do Órfão
25. . . . . Natal
31. . . . . Dia da Esperança

Carnaval

O Carnaval é a maior festa popular brasileira, comemorada com muita folia e alegria, em que as pessoas cantam e dançam nas ruas e nos salões.

Dia do Consumidor – 14 de março

Consumidor é aquele que compra algo ou paga algum serviço. No Brasil, temos o Código de Defesa do Consumidor, que estabelece os seus direitos.

1. Como é comemorado o Carnaval em sua região?

2. Faça um desenho sobre o Carnaval.

3. Quem é o consumidor?

4. Qual é o órgão responsável pelos direitos do consumidor?

5. Quando é o Dia Mundial da Água?

6. Por que é importante economizar a água potável?

7. O que você faz com a água potável?

8. Monte com seus colegas um cartaz em que vocês darão dicas para as pessoas preservarem a água do nosso planeta.

Dia Mundial da Saúde – 7 de abril

Saúde é o bem-estar físico e mental, por isso devemos: cuidar da nossa alimentação, manter a higiene, ler, conversar, brincar e fazer exercícios físicos.

9. Qual é o Dia Mundial da Saúde?

10. O que é saúde?

11. Como você cuida da sua saúde?

Dia Nacional do Livro Infantil – 18 de abril

O Dia Nacional do Livro Infantil é uma homenagem a Monteiro Lobato, escritor brasileiro, autor de diversos livros, entre eles, *Reinações de Narizinho*. Esse autor afirmava que "um país se faz com homens e livros".

12. Quando comemoramos o Dia Nacional do Livro Infantil?

13. O que você acha da afirmação "um país se faz com homens e livros"?

14. Escreva aqui uma mensagem que estimule a leitura.

Dia do Índio – 19 de abril

Quando os portugueses chegaram ao Brasil, em 1500, havia milhões de indígenas aqui; atualmente, não chegam a 500 mil. Depois que tiveram contato com o português, eles contraíram doenças, perderam suas terras e mudaram seus costumes.

Os indígenas precisam de mais extensões de terra para poder viver de acordo com suas tradições. Eles receberam áreas especiais demarcadas pelo governo, mas continuam tendo problemas com fazendeiros, garimpeiros e madeireiros, que exploram ou invadem suas terras.

Atualmente, os indígenas têm direito a uma educação especial que valorize sua história, tradições, costumes e hábitos. Essa é uma maneira de respeitar e preservar a cultura deles.

15. O que aconteceu com os indígenas após a chegada dos portugueses?

16. Por que os indígenas precisam de mais extensões de terra?

17. Atualmente, qual o direito que o indígena tem em relação à educação?

Dia do Trabalho – 1º de maio

O Dia do Trabalho foi criado em 1889.

A data foi escolhida em homenagem aos trabalhadores americanos que lutaram por melhores condições de trabalho.

Todas as pessoas, cada uma na sua profissão, são igualmente importantes.

De acordo com o Estatuto da Criança e do Adolescente, o trabalho infantil é proibido.

18. Qual é a data do Dia Internacional do Trabalho?

19. Você já ouviu falar em trabalho voluntário? Qual é a sua opinião?

Dia das Mães

O Dia das Mães é comemorado sempre no segundo domingo do mês de maio.

20. No seu bairro existe esse tipo de colaboração?

21. Em sua opinião, por que o trabalho infantil é proibido?

22. Você já pensou em que gostaria de trabalhar? Explique.

23. Faça um desenho para sua mãe que mostre o que você sente por ela.

Dia Mundial do Meio Ambiente – 5 de junho

Meio ambiente é tudo o que nos cerca.

O meio ambiente é natural (as plantas, a terra, o ar, a água), mas também é transformado pelo homem, com a construção de residências e estradas.

Festas Juninas

As festas de **Santo Antônio** (dia 13), **São João Batista** (dia 24) e **São Pedro** (dia 29) são comemoradas no mês de junho, por isso são chamadas de festas juninas.

24. Quando se comemora o Dia Mundial do Meio Ambiente?

25. Por que comemoramos o Dia Mundial do Meio Ambiente?

26. Pesquise e escreva a letra de uma música de Festa Junina.

27. Cada região tem uma comida típica nessa época do ano. Qual é a comida típica de sua região? Escreva a receita dela.

Dia dos Pais

O Dia dos Pais é comemorado no segundo domingo de agosto.

28. Faça um desenho para homenagear o seu pai ou o responsável por você.

Dia do Folclore – 22 de agosto

O folclore expressa a sabedoria do povo; é o conjunto de tradições, lendas, canções e costumes de um povo.

É importante preservar o folclore, porque ele mostra os conhecimentos e as tradições que cada povo tem.

29. Você conhece alguma manifestação do folclore da sua cidade ou do seu Estado? Qual?

Dia Nacional do Trânsito – 25 de setembro

- Trânsito é o movimento de pessoas e veículos.
- É preciso que haja sinais de trânsito e regras para evitar confusão e acidentes.
- Nosso país tem um Código de Trânsito bastante rígido para evitar acidentes.

30. O que é trânsito?

31. Qual a importância dos sinais de trânsito?

32. Como é o trânsito de sua cidade?

33. Desenhe, recorte ou cole, alguns sinais de trânsito que você considere importantes.

Dia Mundial dos Direitos Humanos – 10 de dezembro

Direitos humanos são os direitos que todas as pessoas têm, independentemente do sexo, da etnia, da idade, da religião etc. Homens e mulheres, ricos e pobres, têm direitos iguais.

A Organização das Nações Unidas (ONU) instituiu, no dia 10 de dezembro de 1948, a Declaração Universal dos Direitos Humanos, garantindo o direito à vida, à liberdade, à igualdade perante a Justiça, o trabalho e a educação.

É importante que as pessoas conheçam os direitos humanos e lutem para que eles sejam respeitados em nosso país e em todo o mundo.

34. Na sua opinião, o que é necessário para que os direitos humanos sejam respeitados?

35. Escreva uma mensagem para ajudar na construção de um futuro melhor para todos.

Caderno do Futuro

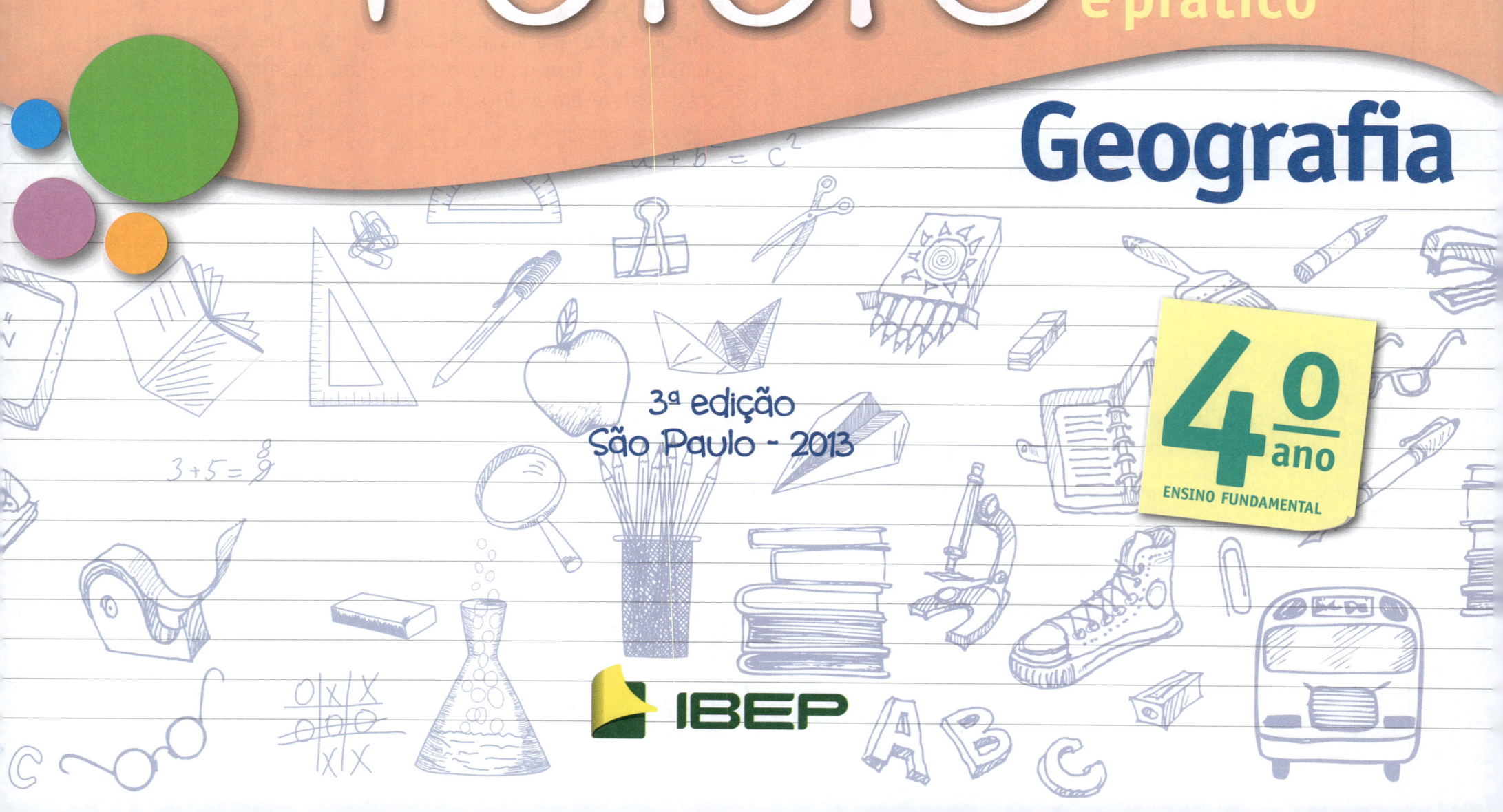

Simples e prático

Geografia

3ª edição
São Paulo - 2013

4º ano
ENSINO FUNDAMENTAL

IBEP

BLOCO 1

CONTEÚDO:
- Geografia

Lembre que:

- Geografia é a ciência que estuda a Terra. É muito importante para que possamos entender a organização do espaço em que vivemos. Ela pode ser dividida em:

  → **Geografia Astronômica:** estuda a Terra como astro e em relação aos outros astros.

  → **Geografia Física:** estuda as paisagens existentes na superfície da Terra.

  → **Geografia Humana:** estuda os povos, seus costumes e o espaço ocupado e preparado pelo ser humano.

1. Responda:

   a) O que é Geografia?

   b) Como pode ser dividida a Geografia?

2. Por que é importante estudar Geografia?

3. Escreva o que estuda a:

   a) Geografia Astronômica

   b) Geografia Física

   c) Geografia Humana

BLOCO 2

CONTEÚDOS:
- Nosso país
- O povo brasileiro

- Vivemos em uma democracia, palavra que quer dizer "governo do povo". Por isso, nossos representantes – presidente, governadores, prefeitos, deputados estaduais e federais, vereadores, senadores – são eleitos pelo povo. Nas eleições brasileiras o voto é secreto.

Lembre que:

- O nome oficial do nosso país é **República Federativa do Brasil**.
- O Brasil está dividido em 26 estados e um Distrito Federal, onde fica **Brasília**, capital do país, a sede do governo brasileiro.
- O sistema de governo do Brasil é a **República Federativa Presidencialista**.
- Quem governa o Brasil é o **presidente da República**, eleito para um mandato de quatro anos.
- Os estados são administrados pelos **governadores**.
- Os estados brasileiros estão divididos em partes menores, os municípios, que são administrados pelos **prefeitos**.

Brasil – Divisão Política

Fonte: *Atlas Geográfico Escolar*. Rio de Janeiro: IBGE, 2009.

40

1. Observe o mapa do Brasil e pinte o estado onde você mora.

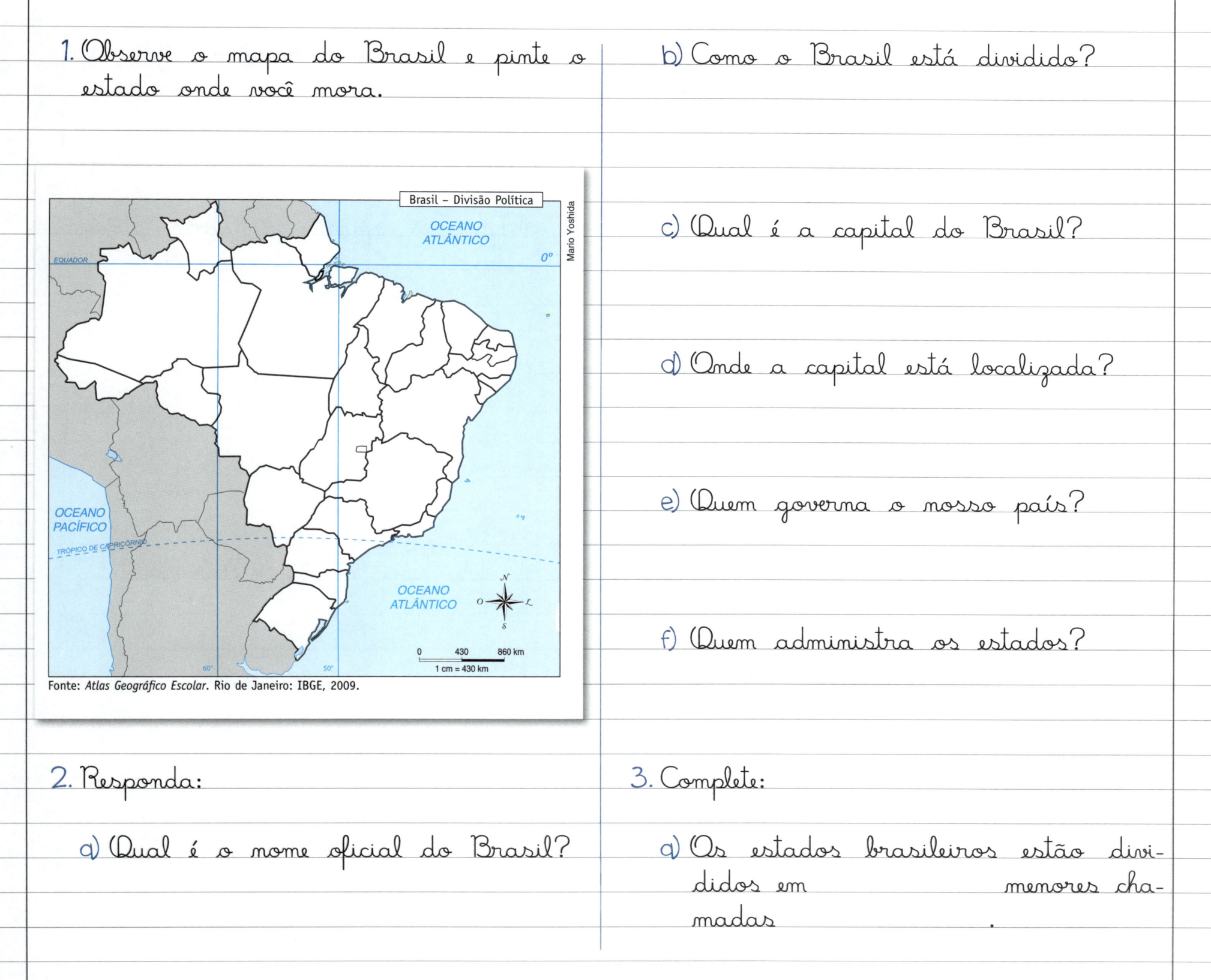

Brasil – Divisão Política
Fonte: Atlas Geográfico Escolar. Rio de Janeiro: IBGE, 2009.

2. Responda:

a) Qual é o nome oficial do Brasil?

b) Como o Brasil está dividido?

c) Qual é a capital do Brasil?

d) Onde a capital está localizada?

e) Quem governa o nosso país?

f) Quem administra os estados?

3. Complete:

a) Os estados brasileiros estão divididos em _____ menores chamadas _____ .

b) Quem governa os
são os   .

c) Como eles são escolhidos?

4. Responda:

a) Qual é o sistema de governo no Brasil? Como funciona?

d) Na sua opinião, o que é democracia?

e) Para você, o que é cidadania?

b) Quais são os governantes eleitos pelo povo no Brasil?

5. Observe o mapa do Brasil e complete as frases:

a) A maior região do Brasil em extensão é a região _____.

b) A menor região em extensão é a região _____.

c) A região que possui o maior número de estados é a região _____
d) A região cujos estados são centrais, isto é, não são banhados pelo mar é a _____.

d) A região onde estão localizados os estados de São Paulo e do Rio de Janeiro é a região _____.

e) A região onde está localizada a capital do Brasil é a região _____.

f) A região _____ é a região onde fica localizado o estado onde eu moro.

6. Pesquise o que é uma Constituição e escreva o que você entendeu.

Lembre que:

- O povo brasileiro formou-se a partir de três grupos étnicos, representados pelo indígena, pelo branco e pelo negro.

- Os **povos indígenas** já habitavam o Brasil quando os portugueses aqui chegaram. Estavam organizados em tribos, que se dividiam em aldeias.

- Os primeiros **brancos** vieram de Portugal como colonizadores da terra. Mais tarde vieram os imigrantes europeus: italianos, alemães, poloneses, espanhóis etc. Esses imigrantes instalaram-se principalmente nas regiões Sudeste e Sul do Brasil, e deixaram contribuições como:

    → o desbravamento e o povoamento de regiões;

    → a industrialização;

    → a fundação de cidades;

    → o desenvolvimento da agricultura e da pecuária.

- O **negro** foi trazido da África para trabalhar como escravo.

- Do cruzamento desses grupos étnicos (indígena, branco e negro), originaram-se os mestiços. Esses cruzamentos chamam-se miscigenação:

    → do branco com o indígena surgiu o mameluco;

    → do branco com o negro surgiu o mulato;

    → do indígena com o negro surgiu o cafuzo.

- Os costumes herdados do indígena, do branco e do negro marcaram a maneira de ser do povo brasileiro.

→ **Do indígena herdamos:**
- o vocabulário: o jacaré, o tucano, a jiboia, Iguaçu etc.;
- os instrumentos musicais: o maracá, a gaita etc.;
- os alimentos: a mandioca, o milho, a batata-doce, o abacaxi, a pitanga etc.;
- as ervas medicinais;
- a rede;
- o folclore.

→ **Do português herdamos:**
- a religião;
- os alimentos: a bacalhoada, o cozido etc.;
- a língua portuguesa;
- o sistema de educação.

→ **Do negro herdamos:**
- o vocabulário;
- a música: o batuque e o samba;
- os alimentos: o vatapá, o caruru, a farofa;
- as crenças e festas populares: o candomblé, a umbanda;
- as danças e lutas: o samba, o cateretê, a capoeira;
- o folclore.

7. Que grupos étnicos formaram o povo brasileiro?

8. Quem habitava o Brasil quando os portugueses chegaram?

9. Por que os negros foram trazidos da África?

45

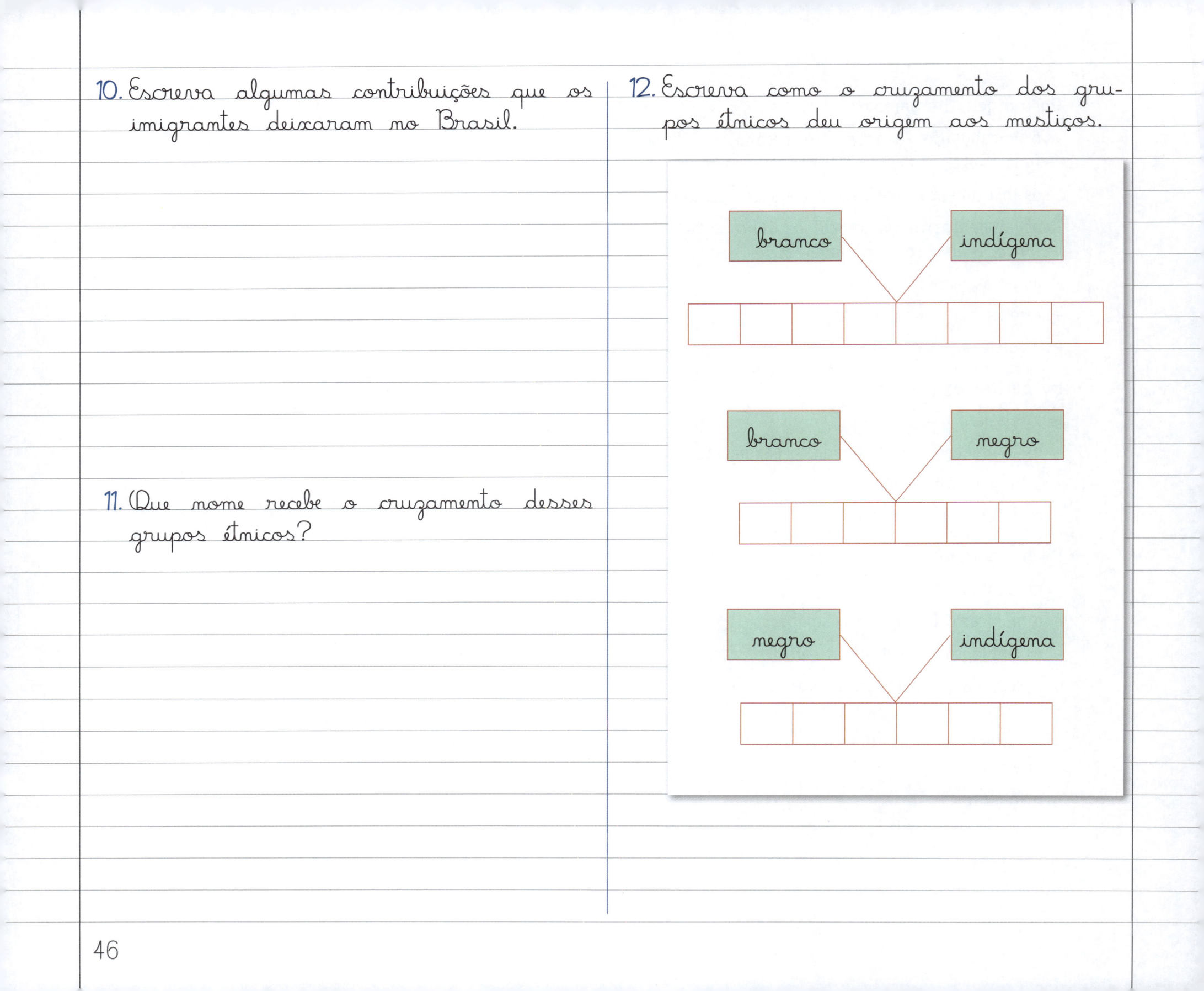

10. Escreva algumas contribuições que os imigrantes deixaram no Brasil.

11. Que nome recebe o cruzamento desses grupos étnicos?

12. Escreva como o cruzamento dos grupos étnicos deu origem aos mestiços.

branco + indígena → ☐☐☐☐☐☐☐☐

branco + negro → ☐☐☐☐☐☐

negro + indígena → ☐☐☐☐☐☐

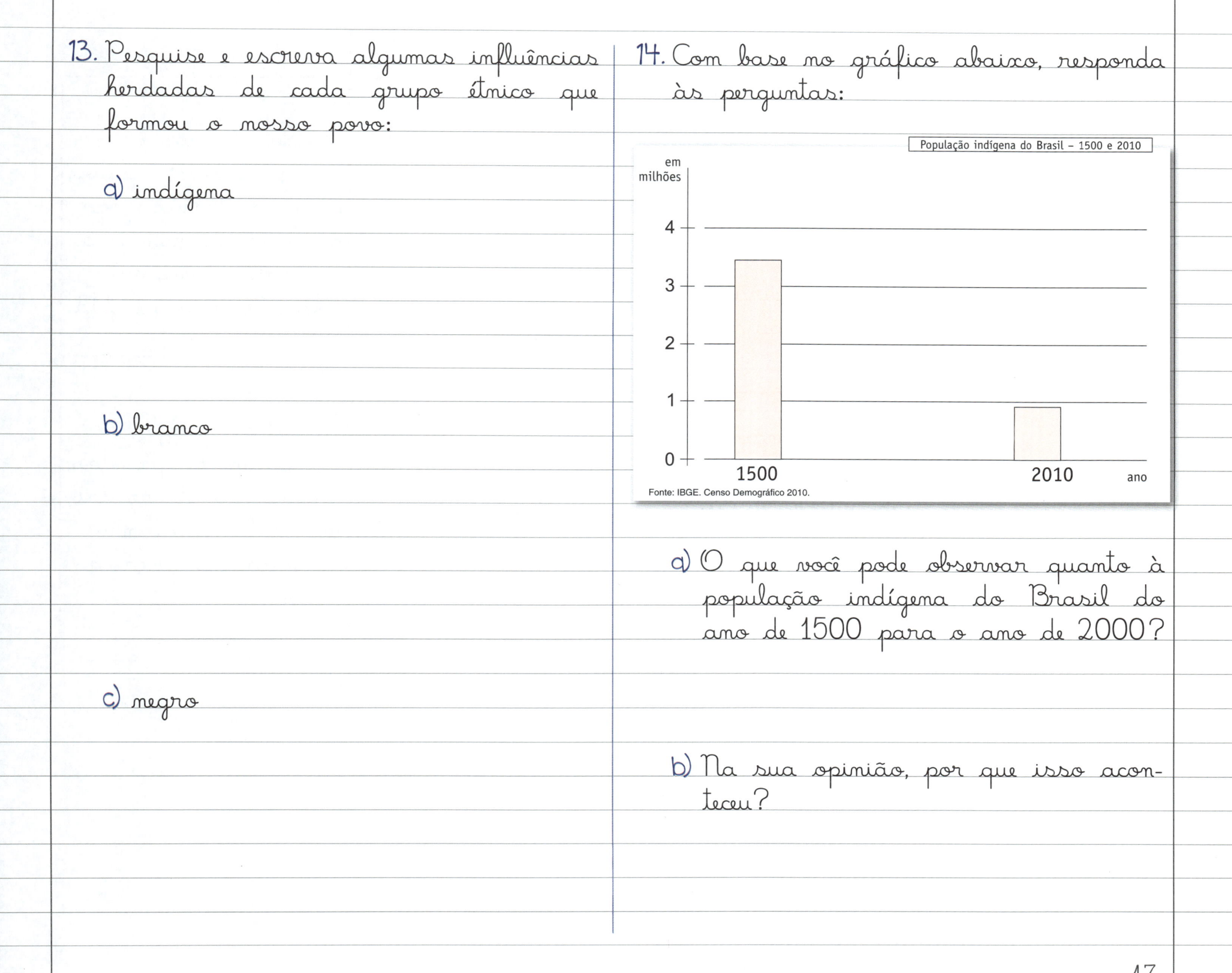

13. Pesquise e escreva algumas influências herdadas de cada grupo étnico que formou o nosso povo:

a) indígena

b) branco

c) negro

14. Com base no gráfico abaixo, responda às perguntas:

População indígena do Brasil – 1500 e 2010
(em milhões)
Fonte: IBGE. Censo Demográfico 2010.

a) O que você pode observar quanto à população indígena do Brasil do ano de 1500 para o ano de 2000?

b) Na sua opinião, por que isso aconteceu?

15. Faça uma pesquisa e resolva esta questão. A qual grupo humano correspondem estas contribuições? Marque com um x.

negro	branco	índio	
			Vatapá, acarajé, quindins, quiabo, xinxim.
			Milho, mandioca, beiju, pirão, redes de dormir, jangada.
			Candomblés ou xangôs, capoeira, maracatu, jango, samba, berimbau de barriga, cuíca.
			Lendas do Curupira, do Saci-Pererê, Iara (mãe-d'água), Boitatá, Uirapuru.

negro	branco	índio	
			Nossa língua, festas juninas, reisados, jogo de damas, jogo de baralho, pandeiro, ciranda, chamarrita, folguedo, pau de fita.
			Religião católica, brinquedo de prendas, artesanato de rendas, pão-de-ló, picadinho, chouriço (linguiça de porco).

BLOCO 3

CONTEÚDOS:
- A comunidade
- O município
  → Os limites do município
- A cidade – zona urbana
- O campo – zona rural

Lembre que:

- A **comunidade** é formada por um grupo de pessoas que vivem em um mesmo lugar ou que têm interesses comuns.
- A família é a primeira comunidade da qual fazemos parte.
- As pessoas podem participar de diferentes comunidades ao mesmo tempo, por exemplo: a igreja, a escola, o clube.
- Os bairros e os povoados são comunidades menores que formam, juntas, uma comunidade maior: o município.
- Os municípios reunidos formam o estado e a reunião de estados forma o país – a comunidade nacional.

1. O que é uma comunidade?

2. Como se chama a comunidade em que as pessoas se reúnem para orar?

3. Pinte a figura que representa a primeira comunidade da qual fazemos parte.

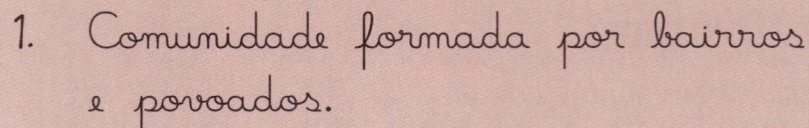

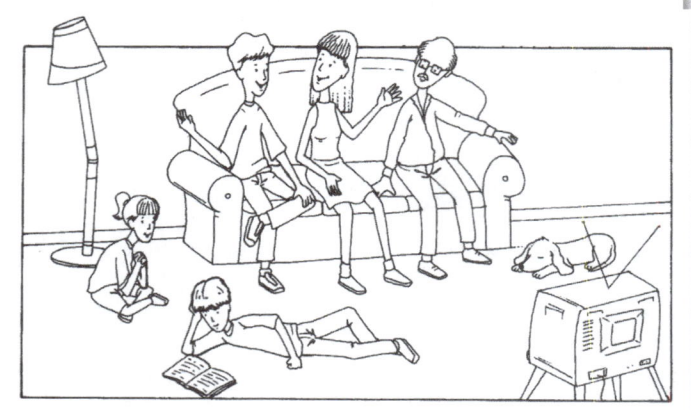

4. Prencha a cruzadinha:

1. Comunidade formada por bairros e povoados.
2. Primeira comunidade de que fazemos parte.
3. Nome da reunião de estados.
4. Uma comunidade pequena.

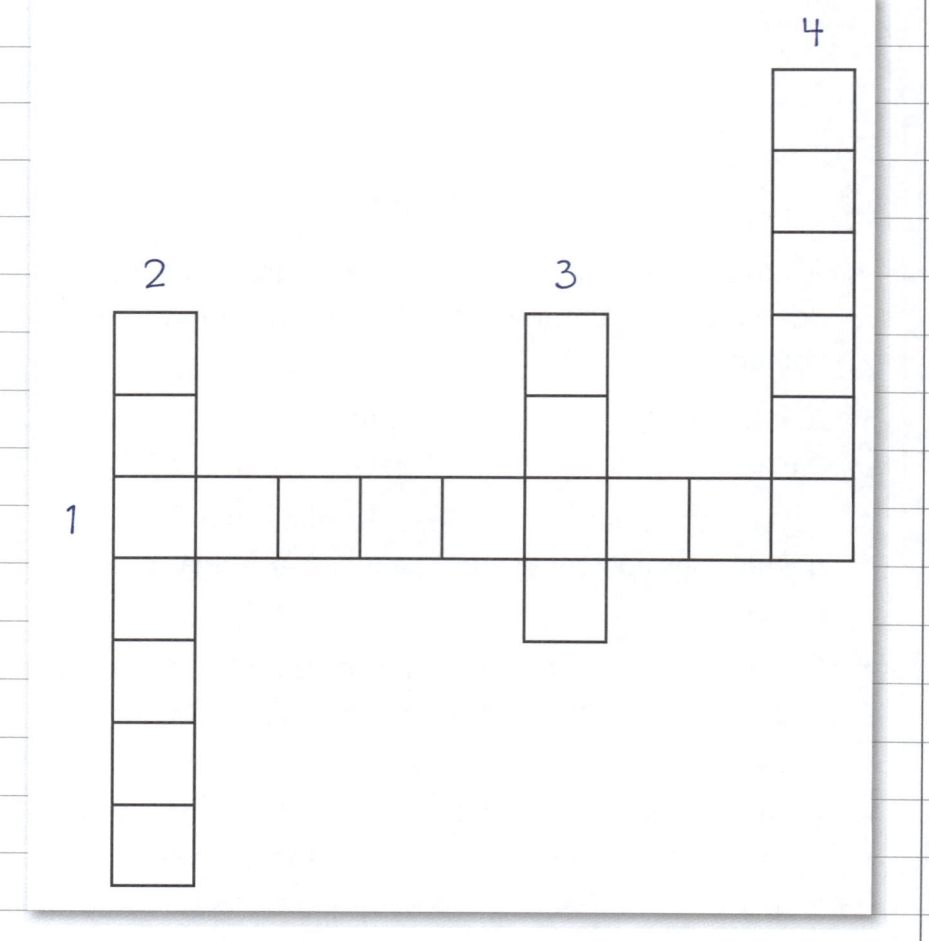

5. Cole ou desenhe nos espaços abaixo uma representação da sua:

Comunidade familiar	Comunidade escolar

> **Lembre que:**
> - Os estados brasileiros estão divididos em municípios. Estes são uma parte do estado.
> - Os municípios, por sua vez, dividem-se em **área urbana** e **área rural**.
> - Alguns municípios só têm área urbana. Isso acontece porque a área urbana vai crescendo e avançando tanto, que a área rural passa a não existir mais.
> - As pessoas que vivem no município formam a comunidade municipal.

6. Responda:

   a) Como estão divididos os estados brasileiros?

   b) O que são os municípios?

7. Complete:
   O município é formado pela área _____ e pela área _____.
   A área urbana é a _____.
   O campo é a _____.

8. Responda:

   a) Escreva o nome do município onde você mora e crie uma frase sobre ele.

   b) De que estado ele faz parte?

   c) Como se chama o prefeito do seu município?

   d) Em que bairro está instalada a sede da Prefeitura?

9. Resolva esta cruzadinha:

1. Nome de uma das áreas de um município.
2. A área suburbana também pode ser chamada de...
3. Nome de outra área de um município.
4. O município é uma parte do...
5. Área constituída pela parte mais afastada do centro da cidade.
6. Nome que se dá à área rural.

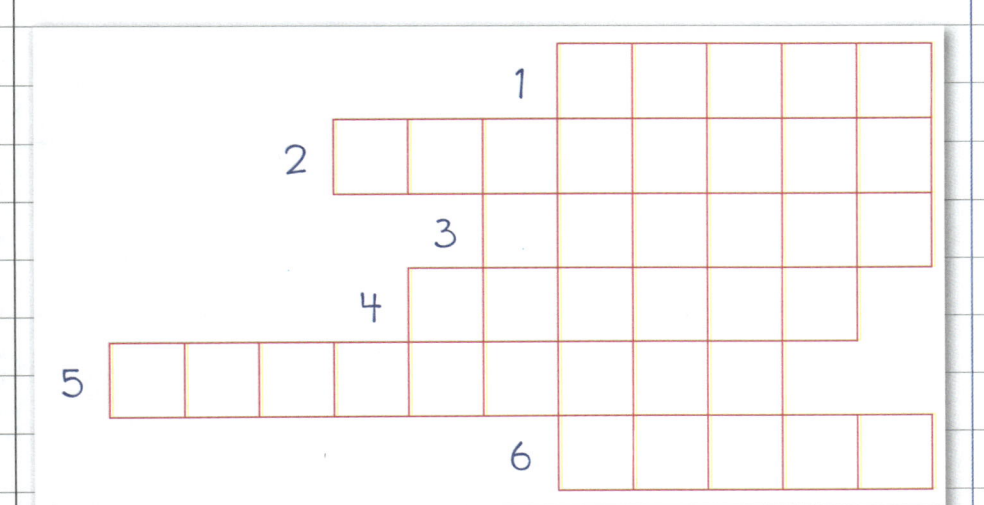

10. Observe o mapa:

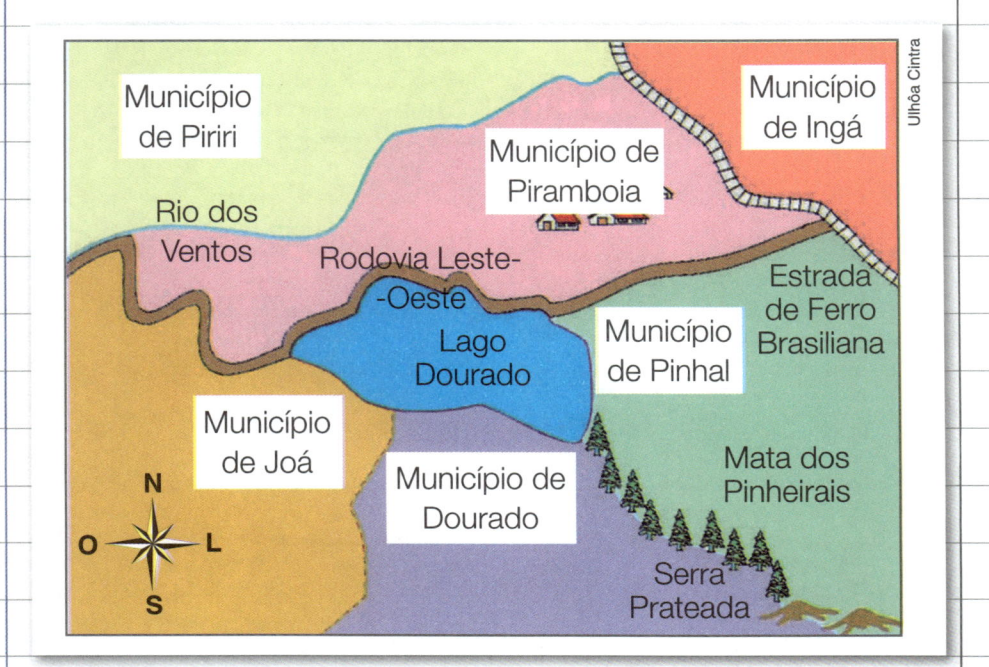

a) Qual é o município que apresenta o maior número de tipos de limites?

b) Que municípios aparecem na ilustração?

c) O que separa o município de Piriri do município de Piramboia?

d) O que existe no limite entre os municípios de Piramboia e de Ingá?

e) Quais os municípios que fazem limite com o município de Joá?

Lembre que:

- **Limite:** é a linha demarcatória que separa os municípios.
  → O limite pode ser um rio, um lago, uma serra, um bosque, uma rua, uma estrada de ferro, uma rodovia, uma linha imaginária etc.
  → São colocadas placas de metal ou marcos de pedra, madeira ou concreto, para indicar onde terminam as terras de um município e onde começam as terras de outro município.

11. Responda:

a) Como os municípios são separados entre si?

b) O que pode servir de limite?

c) O que é usado para indicar onde começam e onde terminam os limites de um município?

12. Pesquise o nome dos municípios que fazem limite com o município onde você mora:

a) ao norte

b) ao sul

c) ao leste

d) a oeste

Lembre que:

- A cidade, ou área urbana, é a sede do município. Toda cidade tem um centro e é nele que se concentram as maiores lojas, os bancos, os escritórios, as igrejas, os cinemas etc.

- Nos municípios brasileiros, a maior parte da população mora na cidade. As pessoas que moram na cidade formam a **comunidade urbana.**

- Toda cidade tem um centro e bairros em volta dele.
  → **Zona suburbana ou subúrbio** é formada pelos bairros mais afastados do centro da cidade. É a **periferia** da cidade.
    – As cidades muito pequenas não têm zona suburbana.
  → **Os bairros de uma cidade podem ser:**
    – **residenciais:** predominam os estabelecimentos e os prédios que servem de moradia;
    – **comerciais:** prevalecem as casas comerciais;
    – **industriais:** concentram muitas indústrias e fábricas, pátios de estacionamento e trânsito de caminhões. Nesses bairros, em virtude da fumaça que sai das chaminés das fábricas e dos escapamentos dos caminhões, o ar pode ser mais poluído.
  → **A vida na cidade:**
    – costuma ser mais agitada que a vida no campo;
    – os moradores da cidade trabalham em bancos, oficinas, escritórios, lojas, hospitais, repartições públicas etc.;
    – geralmente, há muitas opções de lazer: cinemas, teatros, museus, clubes, parque de diversões, centros esportivos;
    – algumas cidades apresentam sérios problemas como desemprego, falta de moradia, poluição, violência, transporte coletivo deficiente etc.

Bairro residencial

Bairro industrial

Bairro comercial

13. Responda:

a) Em que parte do município fica localizada a sede administrativa do município, a Prefeitura?

b) O que se concentra no centro da cidade?

14. Sublinhe o que existe nas cidades grandes:

- ruas estreitas
- poucas lojas
- grande número de pessoas
- muitas residências
- avenidas largas e movimentadas
- prédios altos
- poucos veículos
- muitos viadutos

15. Escreva nos parênteses v (verdadeiro) ou f (falso):

a) ☐ O centro da cidade é uma parte do município.
b) ☐ No centro da cidade há mais movimento do que nos bairros.
c) ☐ Os bairros localizam-se na área rural.
d) ☐ A área urbana também é chamada de cidade.
e) ☐ Na área urbana há plantações e são criados animais.

16. Responda:

a) Como é o centro de sua cidade? Quais são as principais ruas e avenidas?

b) Você mora no centro da sua cidade ou em um bairro mais afastado?

17. Descubra do que se trata e preencha os quadradinhos:

a) Bairros que ficam afastados do centro da cidade.

☐☐☐☐☐☐☐☐☐

b) Parte da cidade.

☐☐☐☐☐☐

c) Tipo de bairro onde existem muitas casas comerciais.

☐☐☐☐☐☐☐☐☐

d) Parte mais movimentada da cidade.

☐☐☐☐☐☐

18. Ligue corretamente:

área urbana •   • A população mora em sítios, chácaras e fazendas.

subúrbio •   • A população mora em casas e edifícios.

área rural •   • A população mora em bairros afastados do centro.

19. Cite os principais bairros comerciais de sua cidade.

20. Numere a segunda coluna de acordo com a primeira:

1	bairro industrial	☐	casas comerciais
2	bairro residencial	☐	indústrias
3	bairro comercial	☐	residências

21. Escreva algo sobre o lugar onde você mora.

22. Escreva alguns tipos de diversão que existem em sua cidade.

23. Escreva três vantagens de quem mora em uma cidade grande.

24. Escreva alguns problemas enfrentados por quem vive em uma cidade grande.

Lembre que:

- O campo é uma área rural. Nele predominam sítios, chácaras e fazendas.
- As pessoas que vivem no campo trabalham principalmente na agricultura e na pecuária.
  → Vilas: pequenos povoados na zona rural. Nela ficam a escola, o posto de saúde, a igreja e alguns estabelecimentos comerciais.
- Os habitantes do campo são chamados camponeses e formam a **comunidade rural.**
- A vida no campo também é trabalhosa. Os trabalhadores acordam muito cedo e saem para cuidar das plantações e dos animais.
- Os moradores da área rural costumam ir às cidades para fazer compras, divertir-se ou fazer tratamento de saúde.

25. Responda:

a) O que é área rural?

b) O que encontramos na área rural?

c) Em que costumam trabalhar as pessoas que vivem na área rural?

d) Como são chamadas as pessoas que moram na área rural? O que elas formam?

e) O que é vila?

f) Como é a vida na área rural?

g) Por que os moradores da área rural vão às cidades?

26. Em sua opinião, por que a área rural é importante?

27. Escreva uma frase sobre a vida urbana e outra sobre a vida rural.

28. Quando um município tem fazendas, onde elas se localizam?

29. Escreva:

a) uma vantagem de se morar na área urbana.

b) uma desvantagem de se morar na área urbana.

c) uma vantagem de se morar na área rural.

d) uma desvantagem de se morar na área rural.

BLOCO 4

CONTEÚDOS:
- Administração do município
- Serviços públicos

Lembre que:

- O município é governado pelo prefeito, pelo vice-prefeito e pelos vereadores. Eles são eleitos pelo povo por meio do voto secreto.

- O vice-prefeito substitui o prefeito quando este precisa se afastar do cargo. O prefeito também é auxiliado pelos secretários municipais.

- **Poder Executivo:** é representado pelo prefeito, que é responsável pela execução das leis.

- **Poder Legislativo:** é exercido pelos vereadores, que são encarregados de fazer as leis do município e de fiscalizar o Poder Executivo. Os vereadores compõem a Câmara Municipal.

- **Poder Judiciário:** não faz parte do poder municipal. Ele pertence ao governo do Estado e do Distrito Federal, mas é no município que ele funciona, encarregando-se de fiscalizar o cumprimento das leis.

- Nos municípios existem secretarias de Educação, de Obras, de Saúde, de Abastecimento, de Segurança Pública etc., que são encarregadas de prestar serviços à população.

1. Responda:

a) Quem governa o município?

b) Qual é a função do prefeito?

c) Qual é a função do vice-prefeito?

d) De que os vereadores são encarregados e onde trabalham?

2. Ligue corretamente:

Poder Judiciário • • encarregado de executar as leis.

Poder Legislativo • • encarregado de fazer as leis.

Poder Executivo • • encarregado de fiscalizar o cumprimento das leis.

3. Complete:

a) Moro no município de _____ .

b) O prefeito do meu município chama-se _____ e o vice-prefeito, _____ .

4. Assinale a afirmativa correta com um x:

a) Quem representa o Poder Executivo no município?
☐ o juiz de direito
☐ o juiz de paz
☐ o prefeito

b) O Poder Legislativo é exercido pelos:
☐ delegados de polícia
☐ vereadores
☐ secretários do prefeito

5. A quem pertence o Poder Judiciário? Onde ele funciona?

6. Faça a seguinte entrevista com um adulto:

a) Qual é a importância de uma eleição?

b) O que você acha do atual prefeito do município onde mora?

c) Cite uma vantagem da administração do prefeito de sua cidade.

d) Cite uma desvantagem. Justifique.

e) Quando será a próxima eleição para prefeito em seu município?

Lembre que:

- Os serviços públicos são de responsabilidade dos governos municipal, estadual e federal.
  → Os **serviços públicos** são, entre outros:
    - construção de rede de água e esgoto;
    - tratamento da água e do esgoto;
    - limpeza, conservação, calçamento e arborização de ruas, praças, jardins e locais públicos;
    - transporte coletivo;
    - construção e conservação de escolas, creches, museus, bibliotecas, teatros, hospitais, postos de saúde, prontos-socorros;
    - corpo de bombeiros e policiamento de trânsito.
  → Para manter os serviços públicos, os governos cobram impostos e taxas da população.
    - **taxas:** são pagamentos pelos serviços públicos.
    - **impostos:** são pagamentos sobre os bens (casa, carro, terreno, empresa etc.) que as pessoas possuem e sobre os produtos que adquirem.
  → Alguns serviços públicos (como água, luz e telefone) passaram para empresas particulares, isto é, foram privatizados.

7. Responda:

a) O que são taxas?

b) O que são impostos?

8. Indique alguns serviços públicos que os governos devem oferecer à população.

9. Observe a figura e escreva o nome dos serviços públicos correspondentes aos números.

1.
2.
3.
4.
5.
6.
7.
8.

BLOCO 5

CONTEÚDOS:
- Orientação
- Os meios de transporte
- O trânsito na zona urbana
- Os meios de comunicação

Lembre que:

- Necessitamos de orientação para saber onde estamos ou qual a direção que devemos seguir para chegar a um certo local.
- O Sol (durante o dia), o Cruzeiro do Sul (em noites estreladas), e a bússola, a qualquer hora, podem servir para nos orientar.
- **Orientação pelo Sol**
  → O **Sol** "surge" pela manhã de um lado (nascente ou leste) e se "põe" ao final da tarde, no outro lado (poente ou oeste).
  → Se você estiver olhando de frente para o lado onde o Sol "nasce" – Leste –, atrás de você estará o Oeste. À sua esquerda estará o Norte e à sua direita estará o Sul.
  → Se você estiver olhando de frente para o lado onde o Sol "desaparece" – Oeste –, atrás de você estará o Leste. À sua esquerda estará o Sul e à sua direita estará o Norte.
- **Orientação pelo Cruzeiro do Sul**
  → O **Cruzeiro do Sul** é um grupo de estrelas em forma de cruz, cuja ponta inferior indica a direção Sul.
- Observe a ilustração:

- **Orientação pela bússola**
  → A **bússola** é o meio mais seguro para orientar as pessoas. Ela tem um pequeno ímã em forma de agulha que aponta sempre para o norte. Podemos localizar as outras direções, porque no seu mostrador há o desenho da rosa dos ventos. Os aviões, os barcos e os navios usam a bússola para se orientar.

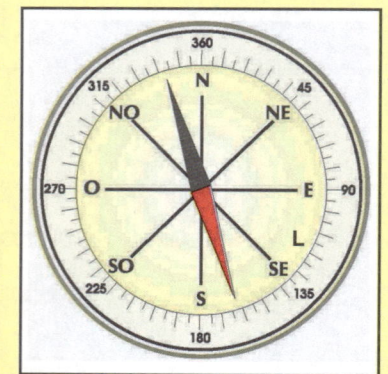

- A rosa dos ventos indica os pontos cardeais (norte, sul, leste, oeste) e também os pontos colaterais: nordeste (NE), sudeste (SE), sudoeste (SO) e noroeste (NO).

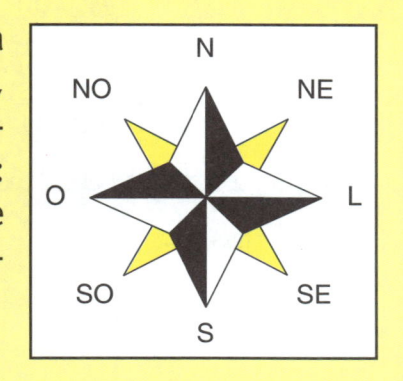

1. Por que necessitamos de orientação?

2. Complete:

   a) O lado em que o Sol "surge" pela manhã chama-se _____ ou _____ .

   b) O lado em que o Sol se "põe" ao final da tarde chama-se _____ ou _____ .

3. Pinte os quadradinhos que indicam as respostas certas:

   ☐ Os pontos cardeais são apenas o norte e o sul.

   ☐ A Terra recebe luz do Sol.

   ☐ O Sol é uma estrela.

   ☐ Poente é o lado onde o Sol se "põe" ao final da tarde.

   ☐ Podemos nos orientar, à noite, pelo Cruzeiro do Sul.

4. Escreva o nome dos:

   a) pontos cardeais

   b) pontos colaterais

5. Qual é o instrumento mais seguro para orientar as pessoas?

6. Responda:

a) O que é a bússola?

b) Quais são os meios de transporte que mais utilizam a bússola?

7. O que são satélites artificiais?

8. Na rosa dos ventos, pinte de uma cor os pontos cardeais e de outra os pontos colaterais. Depois, escreva nos lugares certos as siglas de cada um dos pontos:

9. Observe a ilustração e responda às seguintes perguntas:

a) A menina quer ir à escola. Que direção deve seguir?

b) Ao sair da escola ela vai para a fábrica. Seguindo na direção sul ela chegará lá?

c) Depois da fábrica, ela vai até a casa. Que direção ela seguirá?

d) Saindo da casa, ela deseja seguir até a igreja. Seguindo a direção norte ela chega lá?

e) Que direção ela precisa seguir para chegar à igreja?

10. Na próxima página, desenhe um lago. Construa uma rosa dos ventos em cartolina e cole-a no centro do lago. Observe os pontos cardeais e colaterais para desenhar:

N	montanhas
NE	fábricas
L	casas
SE	igreja
S	parque
SO	edifícios
O	fábricas
NO	rios

Lembre que:

- Os meios de transporte servem para levar e trazer pessoas e mercadorias de um lugar para outro.
- Os transportes podem ser feitos por **terra**, por **ar** e por **água**.
- **Transportes terrestres:** realizados por terra em ruas, avenidas, ferrovias, rodovias, estradas e trilhas. Os meios de transporte são: o automóvel, o trem, o caminhão, a bicicleta, o metrô, a carroça etc.
- **Transportes aéreos:** são feitos no espaço aéreo por aviões e helicópteros. O local onde pousam ou decolam os aviões são os aeroportos. Os helicópteros usam os heliportos.
- **Transportes aquáticos:** são os realizados em rios (fluviais), nos lagos (lacustres), nos mares e oceanos (marítimos). Os navios, barcos, canoas, lanchas, iates e outras embarcações são meios de transporte aquáticos. O local onde essas embarcações param para a entrada e saída de passageiros e mercadorias chama-se **ancoradouro** ou **porto**.

11. Complete:

a) Os meios de transporte são de grande importância, porque levam e trazem as _____ e as _____ de um lugar para o outro.

b) Os meios de transporte podem ser _____, _____ ou _____.

c) Os meios de transporte aquáticos podem ser _____, _____ ou _____.

12. Procure, no diagrama, os seguintes meios de transporte:

Motocicleta   Automóvel   Trem
Metrô   Bicicleta   Carroça
Navio   Ônibus   Caminhão

13. Substitua os códigos pelas letras e descubra o que está escrito:

✡	✜	♣	✥	◆	☆	★	✦	✩	✪	❋	✳	✱	✲
A	C	D	E	G	I	M	N	O	P	R	S	T	U

14. Na cidade onde você mora existem meios de transporte público? Quais?

15. Que meio de transporte você utiliza para chegar à escola?

16. Pesquise informações a respeito de um brasileiro chamado Santos Dumont e escreva sobre a importância do seu invento para o mundo.

Lembre que:

- Trânsito é o movimento de pessoas e de veículos nas ruas, avenidas, estradas e rodovias.
- Para organizar esse movimento, há os sinais de trânsito: os semáforos, as faixas de pedestres e as placas de sinalização.

→ O semáforo para travessia de pedestres tem duas cores. O vermelho indica que não devemos atravessar a rua. O verde indica que a passagem está livre.

→ O semáforo para veículos tem três cores: o vermelho indica pare, o amarelo indica atenção e o verde indica siga.

→ As faixas de pedestres são listas brancas pintadas no chão, para que as pessoas possam atravessar as ruas.

→ Os guardas de trânsito organizam e orientam o trânsito nas cidades, e os policiais rodoviários, nas estradas.

→ As placas de sinalização servem de orientação para os motoristas e os pedestres.

Placas de Sinalização

- Parada obrigatória
- Estacionamento regulamentado 
- Proibido estacionar 
- Sentido obrigatório 
- Siga em frente 
- Velocidade máxima permitida 
- Proibido trânsito de bicicletas 
- Atenção! Lombada 
- Atenção! Escola 

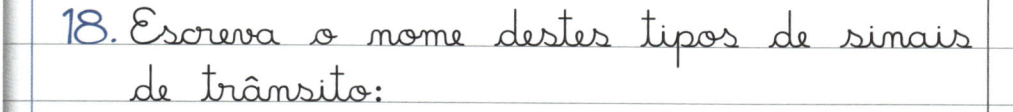

17. Responda:

a) O que é trânsito?

b) Para que servem os sinais de trânsito?

18. Escreva o nome destes tipos de sinais de trânsito:

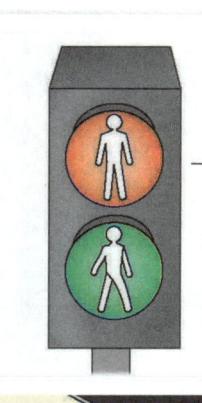

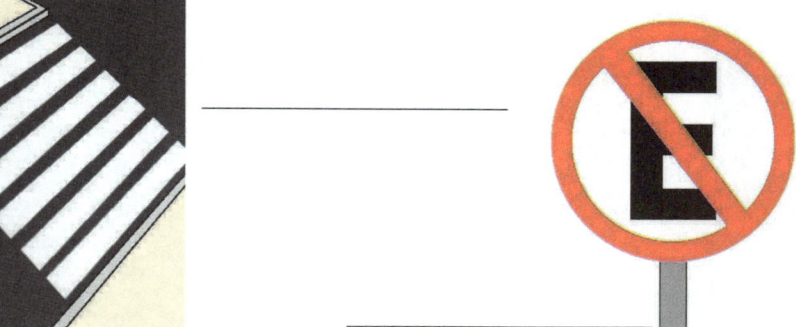

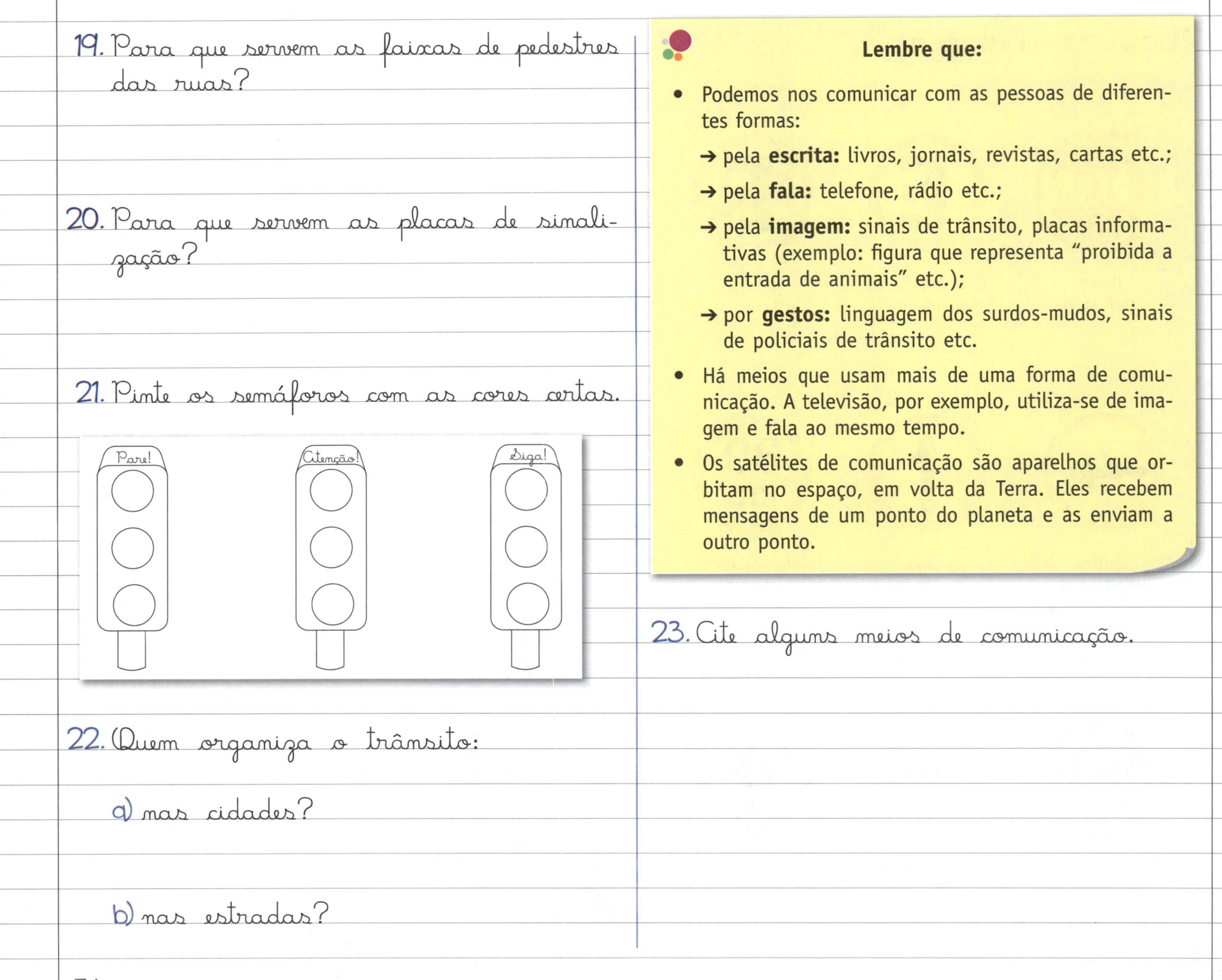

19. Para que servem as faixas de pedestres das ruas?

20. Para que servem as placas de sinalização?

21. Pinte os semáforos com as cores certas.

[Pare!] [Atenção!] [Siga!]

22. Quem organiza o trânsito:

a) nas cidades?

b) nas estradas?

Lembre que:

- Podemos nos comunicar com as pessoas de diferentes formas:
  → pela **escrita:** livros, jornais, revistas, cartas etc.;
  → pela **fala:** telefone, rádio etc.;
  → pela **imagem:** sinais de trânsito, placas informativas (exemplo: figura que representa "proibida a entrada de animais" etc.);
  → por **gestos:** linguagem dos surdos-mudos, sinais de policiais de trânsito etc.
- Há meios que usam mais de uma forma de comunicação. A televisão, por exemplo, utiliza-se de imagem e fala ao mesmo tempo.
- Os satélites de comunicação são aparelhos que orbitam no espaço, em volta da Terra. Eles recebem mensagens de um ponto do planeta e as enviam a outro ponto.

23. Cite alguns meios de comunicação.

24. Pesquise e escreva o significado de cada sigla:

a) Embratel

b) CEP

c) 1919

d) 1991

25. Qual é o serviço prestado pela Empresa Brasileira de Correios e Telégrafos?

26. De quais formas a comunicação pode ser feita?

27. O que são satélites de comunicação? Para que servem?

28. Observe os símbolos e escreva seu significado:

29. Pesquise e cole outros símbolos que tenham a função de comunicar algo:

BLOCO 6

CONTEÚDOS:
- Recursos naturais
- Paisagem natural e paisagem modificada
- Relevo
- Hidrografia
- Clima
- Vegetação

Planalto da Borborema no estado da Paraíba, 2011.

Lembre que:

- **Recurso natural** é tudo o que a natureza oferece e que é útil ao ser humano: a luz do Sol, o ar, a água, o solo, os minerais, os vegetais e os animais.

- O ser humano, os outros animais e os vegetais necessitam de água para viver. A água é encontrada nos rios, nos lagos, nos mares, nas geleiras e nos lençóis subterrâneos.

- O solo é utilizado para plantar e produzir alimentos. No solo e no subsolo são encontrados minerais como ouro, prata, ferro e sal.

- As plantas servem de alimento, contribuem para purificar o ar e são usadas para fazer remédios, tecidos, móveis, roupas etc.

- Alguns animais são usados como alimento, e o couro deles, às vezes, pode ser empregado na fabricação de roupas, calçados, além de servirem como meio de transporte.

- Os recursos naturais devem ser conservados para que não se esgotem. Para isso, é preciso:
  → impedir o desmatamento e promover o reflorestamento;
  → conservar o solo não fazendo queimadas;
  → combater a poluição do ar, que causa doenças e modifica o clima;
  → evitar a poluição da água, que fica imprópria para o consumo e causa doenças;
  → evitar a caça e a pesca feitas sem controle.

- O Ibama (Instituto Brasileiro do Meio Ambiente e dos Recursos Naturais Renováveis) é o órgão do governo brasileiro criado para proteger o meio ambiente e preservar os recursos naturais do nosso país.

1. Responda:

a) O que são recursos naturais?

b) Quais são os recursos que a natureza nos oferece?

2. Indique a importância de cada recurso natural:

a) os animais

b) a água

c) as plantas

d) o solo

3. Muitas vezes, o ser humano provoca desastres ecológicos, pondo em risco os recursos naturais. Em sua opinião, que atitudes o ser humano deve tomar ao se deparar com uma situação como essa?

4. Escreva três cuidados que devemos ter com os recursos naturais.

5. O que significa a sigla Ibama? O que esse órgão faz?

6. Pesquise sobre o Projeto Tamar e registre aqui as informações obtidas.

Lembre que:

- A **paisagem natural** é constituída pelo relevo, pelos rios, mares e lagos, pelo clima, pela vegetação e por outros elementos do ambiente.
- Muitas vezes, para melhorar suas condições de vida, o ser humano modifica a natureza de um lugar, construindo pontes, túneis, casas, rodovias, barragens. A paisagem natural transformada pelo ser humano é chamada de **paisagem modificada**.

Paisagens Naturais

7. O que é paisagem natural?

8. Por que o ser humano modifica a natureza de um lugar?

9. Recorte e cole três exemplos de paisagem modificada pelo ser humano.

Lembre que:

- O conjunto das diferentes formas que a superfície terrestre apresenta chama-se **relevo**.
- As principais formas de relevo são:
  → **planície:** é um terreno bastante plano;
  → **planalto:** é um terreno de superfície irregular e elevado em relação aos terrenos vizinhos;
  → **montanha:** é uma grande elevação da superfície;
  → **serra:** é um conjunto de montanhas alinhadas;
  → **monte:** é uma pequena elevação de terreno com formas variadas;
  → **vale:** é uma depressão alongada em forma de V ou de U;
  → **depressão:** é um terreno mais baixo situado entre áreas mais elevadas;

10. Responda:

   a) O que é relevo?

   b) Quais são as principais formas de relevo?

11. Explique o que é:

   a) planalto

   b) planície

12. Escreva o nome e complete o diagrama:
   1. uma grande elevação da superfície
   2. uma região baixa situada entre montanhas
   3. um conjunto de montanhas alinhadas
   4. pequena elevação de terreno com formas variadas
   5. um terreno mais baixo situado entre áreas mais elevadas

Lembre que:

- O conjunto das formas constituídas pela água, como os oceanos, os mares, os rios, os lagos, as lagoas, chama-se **hidrografia**.
- **Oceano:** é a porção de água salgada que cobre a maior parte da Terra.
- **Mar:** é a parte menos profunda do oceano que está em contato com o continente. A faixa de terra que se estende junto ao mar chama-se **litoral**. Nela estão localizadas as praias.
- **Lago:** é a parte mais baixa de um terreno, coberta de água doce ou salgada.
- **Lagoa:** é um lago pequeno.
- **Rio:** é uma corrente de água natural que se dirige para o mar, um lago ou outro rio.
- **Riacho, córrego ou ribeirão:** são rios mais estreitos ou rasos.

Lembre que:

- Os rios têm:
  → **nascente:** fonte de um curso de água;
  → **leito:** extensão de terreno sobre a qual corre um curso de água (rio);
  → **margem:** terreno que fica ao lado do rio por toda sua extensão;
  → **foz:** local onde o rio despeja suas águas.
- Quando um rio despeja suas águas em outro rio, recebe o nome de **afluente**.

14. Responda:

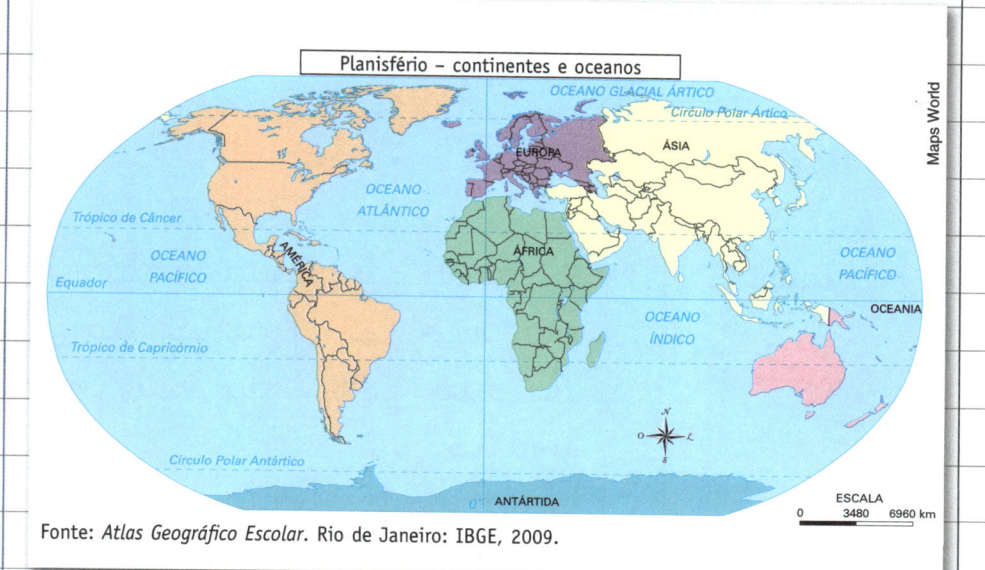

Planisfério – continentes e oceanos

Fonte: *Atlas Geográfico Escolar*. Rio de Janeiro: IBGE, 2009.

a) O que é oceano? E mar?

b) O que é lagoa?

13. O que é hidrografia?

c) Consulte o mapa da página anterior e escreva o nome de três oceanos:

15. Responda:

1. margem ☐ Corrente de água natural.
☐ Terreno que fica ao lado do rio por toda sua extensão.
2. rio
3. lago ☐ Faixa de terra que se estende junto ao mar.
4. litoral ☐ Parte mais baixa de um terreno coberta de água.

16. Escreva nos parênteses **v** para as frases verdadeiras e **f** para as frases falsas:

a) Oceano é a porção de água salgada que cobre a maior parte da Terra. ☐
b) Rio é uma parte do oceano. ☐
c) A fonte de um curso de água chama-se nascente. ☐
d) O rio que lança suas águas em outro rio é chamado de afluente. ☐

Lembre que:

- O tempo varia muito. A sucessão das variações do tempo em determinado lugar, durante certo período, chama-se **clima**.

- O clima varia de um lugar para outro, influenciado pelos ventos, pela chuva, pela umidade do ar, pela pressão atmosférica e pela temperatura.

- O Brasil apresenta climas variados. Como está localizado em uma região da Terra que recebe muita luz do Sol, seu clima, em geral, é quente.

- O tempo também varia, durante o ano, de acordo com as estações:

    → **verão:** de dezembro a março. É a estação em que o tempo é mais quente e em que chove mais;

    → **outono:** vai de março a junho. Nessa estação, caem as folhas de alguns tipos de árvore. Não faz muito frio nem muito calor;

    → **inverno:** começa em junho e acaba em setembro. É a estação em que faz mais frio;

    → **primavera:** começa em setembro e vai até dezembro. É a estação em que as plantas dão flores.

- As estações não se manifestam de maneira semelhante em todos os lugares do Brasil.

17. Responda:

a) O que é clima?

b) O que influencia o clima de uma região?

18. Escreva o que caracteriza cada estação:

a) verão

b) outono

c) inverno

d) primavera

19. Como é o clima no lugar onde você mora?

20. Complete:

a) Nos lugares montanhosos, o clima costuma ser mais _____.

b) À beira-mar, o clima geralmente é _____.

c) Nos lugares onde existem florestas o clima é _____.

Lembre que:

- **Vegetação:** é o conjunto de plantas que crescem naturalmente em um lugar. Ao conjunto das espécies de plantas características de uma região chamamos **flora**.

- As espécies de vegetais que crescem em um lugar dependem do clima, do relevo, da qualidade do solo e de outros elementos. Os coqueiros, por exemplo, adaptam-se a lugares quentes; os pinheiros, a lugares frios; as bananeiras, a lugares úmidos.

- Os tipos de vegetação do Brasil são:

    → **Floresta:** é um tipo de vegetação na qual predominam árvores altas, com folhas grandes e largas. No Brasil encontramos:

    - **Floresta Equatorial Amazônica:** que se estende pelo Norte e é uma das florestas mais fechadas do mundo.

    - **Mata Atlântica:** que foi muito explorada desde a chegada dos portugueses, por isso foi quase devastada.

    - **Mata dos Pinhais** ou **Floresta das Araucárias:** fica no Sul do país. É uma floresta onde predominam os pinheiros.

    → **Campo:** formado principalmente por plantas rasteiras. São boas pastagens para o gado.

    → **Cerrado:** formado por vegetação rasteira e também por árvores baixas de troncos retorcidos.

    → **Caatinga:** é um tipo de vegetação que apresenta árvores baixas, retorcidas, espinhosas, com galhos secos e poucas folhas.

    - **Vegetação litorânea:** acompanha todo o litoral do nosso país. Pode se apresentar sob a forma de **mangue**, **vegetação de praia** ou **vegetação de restinga**.

    - **Vegetação do pantanal:** composta de árvores, arbustos e plantas rasteiras. Ocorre na região do Pantanal Mato-Grossense.

21. Responda:

a) O que é vegetação?

b) O que influencia a vegetação?

c) Qual é a diferença entre vegetação e flora?

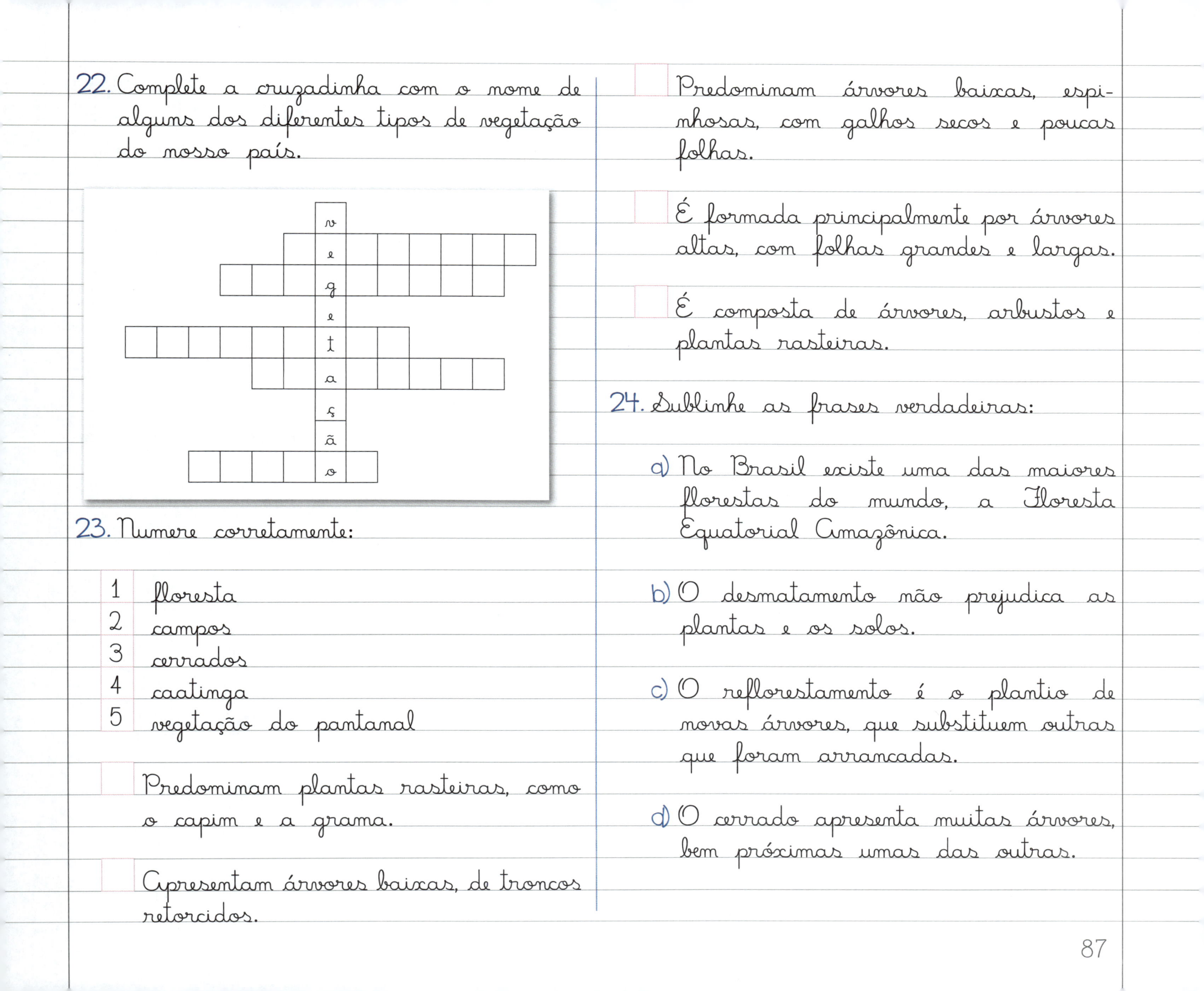

22. Complete a cruzadinha com o nome de alguns dos diferentes tipos de vegetação do nosso país.

```
            v
            e
            g
            e
            t
            a
            ç
            ã
            o
```

23. Numere corretamente:

1. floresta
2. campos
3. cerrados
4. caatinga
5. vegetação do pantanal

[ ] Predominam plantas rasteiras, como o capim e a grama.

[ ] Apresentam árvores baixas, de troncos retorcidos.

[ ] Predominam árvores baixas, espinhosas, com galhos secos e poucas folhas.

[ ] É formada principalmente por árvores altas, com folhas grandes e largas.

[ ] É composta de árvores, arbustos e plantas rasteiras.

24. Sublinhe as frases verdadeiras:

a) No Brasil existe uma das maiores florestas do mundo, a Floresta Equatorial Amazônica.

b) O desmatamento não prejudica as plantas e os solos.

c) O reflorestamento é o plantio de novas árvores, que substituem outras que foram arrancadas.

d) O cerrado apresenta muitas árvores, bem próximas umas das outras.

25. Quais são os tipos de vegetação que existem no seu município?

26. Pesquise e escreva o que está sendo feito no seu município para proteger a vegetação local.

27. Como se chama a floresta que acompanhava toda a faixa costeira do nosso país e que quase foi totalmente devastada?

28. Que tipos de plantas formam a vegetação do pantanal?

29. Recorte de jornais ou revistas figuras que representem tipos de vegetação do nosso país e cole-as no espaço abaixo:

BLOCO 7

CONTEÚDOS:
- Pecuária e agricultura
- Extrativismo
- Indústria
- Comércio

Lembre que:

- **Pecuária:** é o trabalho voltado para a criação de gado.
- **Pecuarista:** é o dono do gado. As pessoas que trabalham na pecuária recebem diversos nomes peões, vaqueiros, retireiros, pastores etc.
- Há diferentes tipos de gado: **bovino** – formado por bois, vacas; **suíno** – porcos; **ovino** – carneiros, ovelhas; **caprino** – bodes, cabras; **equino** – cavalos, éguas; **bufalino** – búfalos; **asinino** – jumentos, jegues; **muar** – burros, bestas.
- De cada tipo de gado obtemos determinados alimentos e materiais para a indústria. Por exemplo:
  → leite em seu estado natural ou transformado pela indústria em manteiga, queijo, requeijão, iogurte etc.;
  → carne ao natural ou transformada em produtos como charque, linguiça, salame, presunto etc.;
  → banha para a culinária;
  → ossos para a fabricação de gelatina, cola, ração animal e objetos como pentes, botões, fivelas, enfeites etc.;
  → couro para a fabricação de peças de vestuário, calçados, bolsas, luvas, cintos, malas etc.;
  → lã para a fabricação de fios e tecidos.
- Muitos animais, como os cavalos, burros, mulas, jegues e bois, servem também para o transporte de pessoas e cargas.
- A criação de outros tipos de animais também é desenvolvida em alguns municípios. Exemplos:
  → **avicultura:** criação de aves (galinhas, patos, marrecos, gansos, perus, codornas etc.) para a produção de carne e ovos;
  → **apicultura:** criação de abelhas em colmeias para a produção de mel, cera, própolis;
  → **sericicultura:** criação do bicho-da-seda para a produção de fios de seda, usados na fabricação de tecidos;
  → **ranicultura:** criação de rãs para o aproveitamento da carne;
  → **piscicultura:** criação de peixes para o aproveitamento da carne.

Lembre que:

- **Agricultura:** é o trabalho de cultivar a terra, plantar e colher.
- As pessoas que se dedicam à agricultura são chamadas de **agricultores** ou **lavradores**.
- Os produtos agrícolas podem servir como alimento ou como material a ser transformado pela indústria. Por exemplo: as indústrias transformam o algodão em fios e tecidos, a soja em óleo, o trigo em farinha etc.
- Para obter uma boa produção agrícola, é preciso, entre outros fatores:
  → escolher a cultura adequada ao solo e ao clima;
  → plantar na época certa;
  → empregar sementes e mudas de boa qualidade;
  → irrigar os solos secos e drenar os solos encharcados;
  → usar adubos adequados ao solo, quando necessário;
  → não fazer queimadas entre os plantios para não destruir a camada fértil do solo;
  → empregar técnicas modernas de aproveitamento do solo;
  → consultar um agrônomo para saber qual a melhor solução para os problemas;
  → combater as pragas e doenças da lavoura com remédios apropriados e na dose certa.

1. Responda:

   a) O que é pecuária?

   b) Quem são os pecuaristas?

   c) O que a pecuária fornece?

2. Como se chama quem trabalha na pecuária?

3. Escreva o nome do gado formado por:

   a) carneiros
   b) jumentos
   c) porcos
   d) ovelhas
   e) cabras
   f) bois
   g) vacas
   h) cavalos
   i) burro
   j) búfalo

4. Recorte de jornais e revistas figuras que representem os diferentes tipos de gado e cole-os nos espaços.

bovino

suíno

ovino

caprino

equino	bufalino
asinino	muar

5. Numere corretamente:

1. avicultura ☐ criação de rãs.

2. apicultura ☐ criação de aves.

3. sericicultura ☐ criação de abelhas.

4. ranicultura ☐ criação de bicho-da-seda.

5. piscicultura ☐ criação de peixes.

6. Responda:

a) O que é agricultura?

b) Para que servem os produtos agrícolas?

7. Como se chama quem trabalha na agricultura?

8. O que o agricultor precisa fazer para ter uma boa produção agrícola?

9. Relacione alguns produtos agrícolas.

10. Assinale **v** quando for verdadeiro e **f** quando for falso.
☐ Os produtos agrícolas não servem para a indústria.
☐ Para se obter uma boa produção agrícola, basta semear a terra.
☐ Deve-se evitar as queimadas, pois elas destroem a camada fértil da terra.

Lembre que:

- **Extrativismo:** é a retirada de recursos da natureza pelo ser humano.

→ **Extração mineral:** é a retirada de minérios do solo ou do subsolo (camada que vem abaixo do solo). Os minérios servem como combustíveis (petróleo), material para construções e ferramentas (ferro), material para produtos elétricos etc.

- O trabalho de extração de minérios chama-se mineração, e as pessoas que trabalham na **mineração** denominam-se **mineiros.**
- A extração de ouro e de pedras preciosas se dá nos garimpos. **Garimpeiros** são as pessoas que trabalham na atividade do **garimpo.**

→ **Extração vegetal:** coleta de frutos da mata, derrubada de árvores para a obtenção de madeira e celulose, extração de palmito, retirada do látex da seringueira etc.

- Várias espécies de plantas extraídas da natureza são utilizadas na preparação de medicamentos, ceras, fibras etc.

→ **Extração animal:** a pesca e a caça. A pesca pode ser feita com anzol, armadilhas ou redes.

- **Arrastão** é um tipo de rede muito grande que é lançada ao mar ou ao rio e depois é recolhida por várias pessoas.
- **Tarrafa** é uma rede pequena e redonda usada por um só pescador.

11. O que é extrativismo?

12. Quais são os tipos de extrativismo que existem?

13. Dê exemplos de atividades:

a) do extrativismo animal

b) do extrativismo vegetal

c) do extrativismo mineral

14. O que é mineração?

15. Escreva o nome de pelo menos dois produtos fabricados com:

a) ouro

b) ferro

c) petróleo

16. Escreva como denominamos as pessoas que trabalham na:

a) mineração de ouro e pedras preciosas

b) mineração do subsolo

17. Responda:

a) Onde é praticada a pesca?

b) Que tipos de embarcação são usados pelos pescadores?

c) Que tipos de rede podem ser usados pelos pescadores?

Lembre que:

- **Indústria:** é a atividade econômica que extrai a matéria-prima da natureza e a transforma em produtos industrializados. **Matéria-prima** é todo material usado na fabricação de produtos.

  → **Indústria extrativa:** é aquela que extrai, ou seja, retira as matérias-primas da natureza. Por exemplo, empresas madeireiras, de mineração, de coleta de palmito, castanha-do-pará, castanha-de-caju, babaçu, sisal etc.

  → **Indústria de transformação:** transforma a matéria-prima em produtos industrializados. Há dois tipos:

    - **Indústria de bens de consumo:** elabora produtos que as pessoas consomem diretamente: alimentos, bebidas, roupas, eletrodomésticos, remédios etc. Por exemplo, indústria siderúrgica.

    - **Indústria de base:** fabrica produtos que são usados por outras indústrias para fazer novos produtos. Por exemplo, indústria metalúrgica.

- Os trabalhadores das indústrias são chamados de **industriários**. Os donos das indústrias denominam-se **industriais**.

- As indústrias instaladas em um município formam o seu parque industrial.

18. Responda:

a) O que é indústria?

b) Em sua opinião, por que as indústrias são importantes?

19. Complete as frases:

a) A indústria extrativa é aquela que

b) A indústria de transformação é aquela que

c) A indústria de bens de consumo fabrica _____

d) A indústria de base fabrica _____

20. Responda:

a) O que é matéria-prima?

b) Como são chamados os produtos transformados nas indústrias?

21. Que produtos são fabricados com estas matérias-primas?

a) cacau
b) carnaúba
c) leite
d) ferro
e) madeira
f) lã

22. Escreva o nome de alguns produtos que as indústrias podem fabricar com estas matérias-primas:

23. Relacione corretamente as colunas:

1. extração animal   ☐ palmito, castanha-do-pará

2. extração vegetal   ☐ ouro, ferro, petróleo

3. extração mineral   ☐ leite, mel, carne de peixe

Observe no quadro abaixo alguns exemplos de transformação da matéria-prima em produtos industrializados:

Origem	Matérias-primas	Produtos da indústria de bens de consumo
Vegetal	trigo, milho algodão	farinha, pão, bolachas, macarrão, sopas, óleo comestível etc. fios, tecidos
Animal	carne, leite, couro, ossos mel, cera, própolis	carnes em conserva, queijo, iogurte, manteiga, sapatos, bolsas, cintos, malas, pentes, botões, gelatinas mel, velas, xaropes e pomadas
Mineral	ouro, prata granito, mármore, cristal	talheres, joias, utensílios, adornos, pias, mesas, pisos calçamentos

Origem	Matérias-primas	Produto da indústria de base	Produto da indústria de bens de consumo
Mineral	ferro	aço	veículos, ferramentas, máquinas

Lembre que:

- **Comércio:** é a atividade econômica de compra, venda ou troca de produtos.
- O produto que é trocado, comprado ou vendido chama-se **mercadoria**.
- **Comerciários:** são as pessoas que trabalham como empregados nos estabelecimentos comerciais.
- **Comerciantes:** são os donos dos estabelecimentos comerciais.
- O comércio pode ser:
  - → **atacadista:** é aquele em que a venda é feita em grande quantidade;
  - → **varejista:** é aquele em que se vendem produtos em pequenas quantidades;
- O comércio também pode ser feito entre os municípios, os estados e os países:
  - → **comércio interno:** feito dentro de um mesmo país.
  - → **comércio externo:** feito entre países. Pode ser de dois tipos:
    - – **exportação:** quando um país vende produtos para outros países;
    - – **importação:** quando um país compra produtos de outros países;
- O Brasil importa máquinas, materiais elétricos, trigo, petróleo, aparelhos hospitalares e outros produtos. Exporta café, soja, açúcar, frutas, cacau, calçados, metais, automóveis, máquinas e ferramentas.

24. Responda:

a) O que é o comércio?

b) Como se chamam os produtos comercializados?

c) Como se chamam as pessoas que trabalham como empregados no comércio? E os donos dos estabelecimentos comerciais?

d) Como se chama o comércio em que a venda é feita em grandes quantidades? E aquele em que se vende em pequenas quantidades?

25. Indique alguns produtos:

a) que o campo fornece para a cidade

b) que a cidade fornece para o campo

26. Complete:

a) Comércio _____ é aquele feito dentro do mesmo _____ .

b) O comércio feito com outros países chama-se _____ e pode ser de dois tipos: _____ e _____ .

27. Responda:

Que mercadorias você encontra:

a) no supermercado?

b) na farmácia?

28. Desenhe ou cole figuras de produtos que o Brasil importa e exporta.

importa

exporta

Planisfério – O mundo político

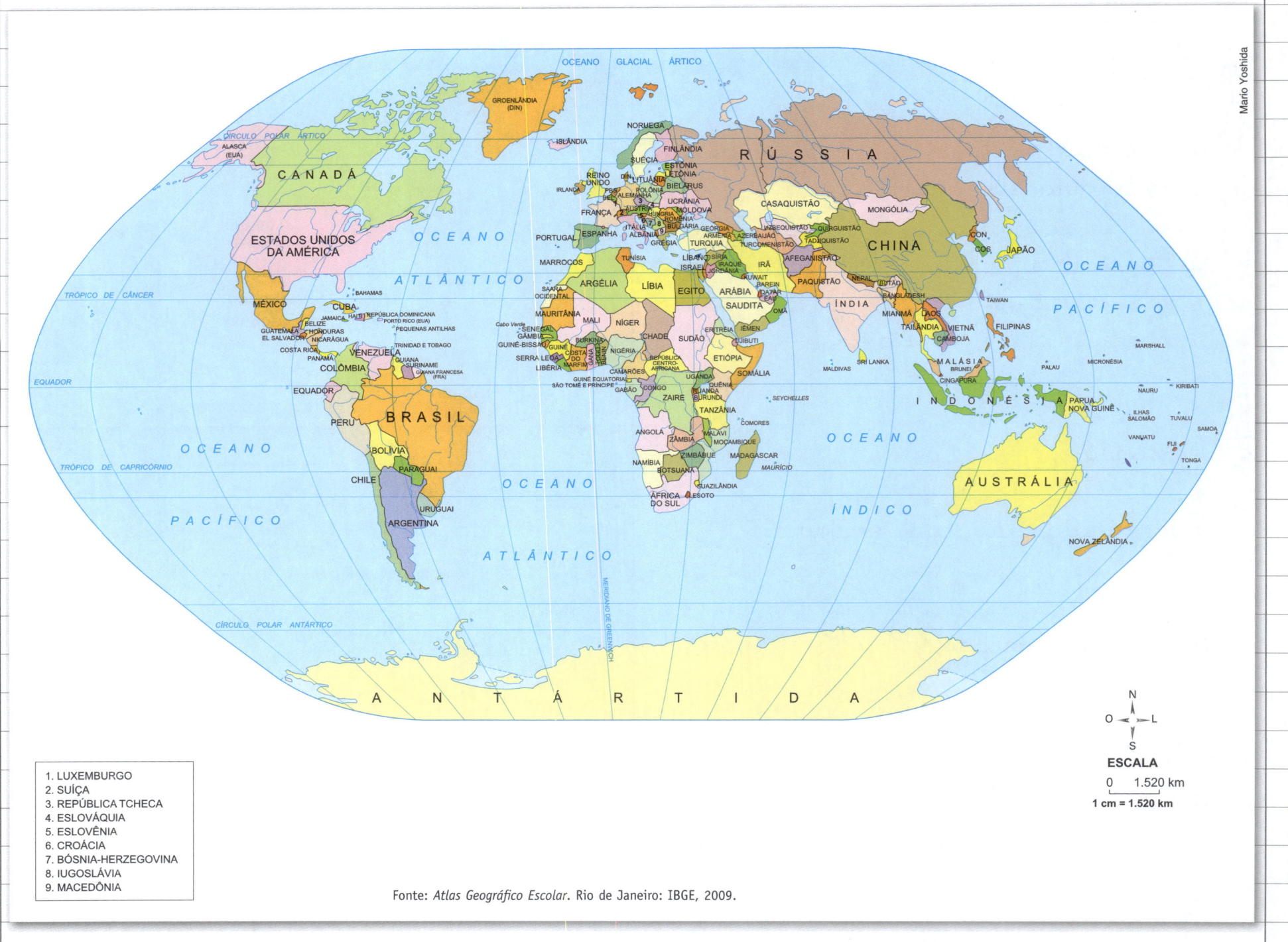

Fonte: *Atlas Geográfico Escolar*. Rio de Janeiro: IBGE, 2009.

1. LUXEMBURGO
2. SUÍÇA
3. REPÚBLICA TCHECA
4. ESLOVÁQUIA
5. ESLOVÊNIA
6. CROÁCIA
7. BÓSNIA-HERZEGOVINA
8. IUGOSLÁVIA
9. MACEDÔNIA

ESCALA
0 — 1.520 km
1 cm = 1.520 km

O Brasil político

Divisão Regional do Brasil